KB004497

스마트 클래스를 위한
슬기로운 온라인 수업

스마트 클래스를 위한
슬기로운 온라인 수업

초판 1쇄 펴냄 2020년 9월 16일
  4쇄 펴냄 2022년 11월 18일

지은이 김서영, 김재현, 박종필, 홍지연

펴낸이 고영은 박미숙
펴낸곳 뜨인돌출판(주) | 출판등록 1994.10.11.(제406-251002011000185호)
주소 10881 경기도 파주시 회동길 337-9
홈페이지 www.ddstone.com | 블로그 blog.naver.com/ddstone1994
페이스북 www.facebook.com/ddstone1994 | 인스타그램 @ddstone_books
대표전화 02-337-5252 | 팩스 031-947-5868

ⓒ 2020 김서영, 김재현, 박종필, 홍지연

ISBN 978-89-5807-766-4 03370

스마트
클래스를
위한

슬기로운
온라인
수업

김서영 김재현
박종필 홍지연

뜨인돌

차례

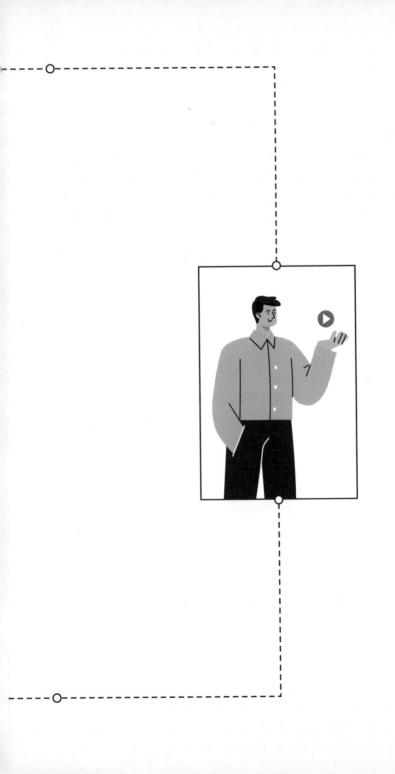

코로나19, 우리 교육에 그어진 거대한 절취선을 앞에 두고

10년 뒤 학교에서 사라질 것 10가지

세상은 변한다. 우리 교육도 그에 따라 변화를 겪는다. 그런데 그 변화의 그래프 속 곡선의 기울기가 급격히 가팔라졌다. 일선 학교 현장의 교사들은 그 변화의 속도를 체험하며 스스로 뭔가 바꾸지 않으면 안 된다는 생각을 해왔다. 교실에서 칠판이 사라져갔고, OHP나 슬라이드 영사기가 없어진 지는 이미 오래며, PPT가 보편화되어 학생들은 노트에 필기하기보다 교사가 지급해주는 학습지에 메모를 하고 있다.

　　미래학자들은 10년 내에 학교에서 다음과 같은 10가지가 사라진다고 최근까지 전망해왔다. 먼저 교실 체계의 변화로 학생이 앉는 '내 자리'라는 개념이 없어진다. 클라우드 기반의 교육 시스템에서는 데이터를 웹상에 저장하기 때문에, 학생들이 모두 개인 디지털 디바이스를 가지고 다니게 되어 컴퓨터실의 존재가 없어진다. 교사도 개인 디바이스로 어느 공간에서든 업무를 보게 되므로 선생님의 자리도 없어질 것이다. 교실이라는 물리적 공간에 한꺼번에 모이지 않고, 학생이 원하는 시간에 원하는 공간에서 학습하므로 수업 시간표도 의미가 없어진다.

학생 개개인의 수준에 맞춰 학습의 양과 난이도를 달리 적용하니 일제고사 형태의 시험도 소멸한다. 일제고사형 평가를 치르지 않으니 당연히 성적표도 사라진다. 학습 콘텐츠가 e-book 형태로 제공되므로 교과서나 핸드아웃 자료가 필요 없어지고, 교사와 학생은 클라우드상에 펼쳐진 가상의 교실에서 과제를 제출하고 받는다. 교과서가 없으니 들고 다니는 가방도 가벼워져서 학교에 있던 캐비닛도 필요 없다. 교실에서 진행되던 선생님의 강의식 수업이 사라지고, 인터넷을 통해 동영상을 제공하는 형태로 강의가 진행된다. 그리고 마침내 전통적 개념의 선생님, 즉 교사가 없어지는 결과로 이어진다.

미래학자들이 내다본 이 '10년 뒤 학교에서 사라질 것들의 목록'을 보며 고개를 끄덕이는 교사도 있었고, 과연 그럴까 하며 고개를 갸우뚱하는 교사도 많았다. 불과 2019년까지는 그랬다. 그리고 새로 도래한 2020년. 미래학자들이 '10년 뒤'라고 시한부 선고를 내렸던 이 10가지의 남은 수명을 훨씬 앞당겨버릴 중대 사변이, 지금 우리 눈앞에서 펼쳐지고 있다. 2020년 초부터 전 세계를 강타해 인류의 삶에 거대한 '절취선'을 긋고 있는, 바로 '코로나19 팬데믹' 사태다.

포스트 코로나, 언택트 시대……
알 수 없지만 가늠해봐야만 하는 미래

코로나19 팬데믹 직후, 우리를 둘러싸고 있던 기존의 습관과 가치 관들이 급격히 변형되고 있다. 이제 세상은 코로나 이전과 코로나 이후로 나뉘리라는 전망이 정설로 자리 잡았다. 그렇지 않아도 빠른 변화를 겪고 있던 학교 현장 역시 코로나19 사태로 인해 더욱 급격히 바뀌고 있다. 물리적 교실의 개념이 흔들리고 학급 운영과 수업의 방식이 달라진다. 이제 기존의 방식으로 수업하는 교사는 단 한 명도 남지 않았다. 불과 반년 만의 변화다.

1837년에 미국 매사추세츠주 교육위원회에서 처음 소개된 혁신적인 하이테크놀로지 '칠판'은 거의 두 세기 가까이 전 세계 교실에서 핵심 수업 플랫폼으로 쓰여왔다. 그랬던 칠판이 이제는 퇴출의 대상이 되었다. 그리고, 이처럼 칠판이 사라지기까지는 두 세기가 걸렸으나, 2020년에 대한민국의 모든 교사가 덜컥 온라인 학습방을 만들어 활용하는 데는 불과 두 달밖에 걸리지 않았다. 가히 혁명적 상황이라 할 수밖에 없다. '포스트 코로나 교육혁명'이 지금 우리 눈앞에서 실현되고 있는 것이다.

코로나19 이후 세계는 어떻게 변할 것이냐는 세간의 질문에 다양한 분석과 전망이 제시되고 있다. 수많은 변수가 터져나오는 이 상황에서, 누구든 감히 포스트 코로나 시대를 명확히 예측할 수 없을 것이다. 하지만 모두가 한목소리로 진단하는 건, 바로 우리 사회 모든 영역에서 언택트, 즉 비대면·비접촉의 상황이 더욱 가속화하리라는 점이다. 이를 위해서는 보다 스마트한 디지털 환경의 구축이 무엇보다 시급하다. 다행히 한국은 뛰어난 ICT 기술력을 보유하고 있다. 그러나 ICT 강국을 자임하는 우리나라에서, 교육 현장의 현실은 어떠한가.

코로나19 사태 발생 이후 교육 당국은 비대면·비접촉을 강조하며 온라인 원격 수업 체계를 가동했다. 그러나 그것을 위한 인프라는 형편없었다. 이런저런 이유로 대다수 학교 교실에서는 무선인터넷을 쓸 수 없고, 학생들은 온라인 학습에 적합한 개인 디지털 디바이스를 제대로 갖추고 있지 못하다. 이런 상황에서는 완전한 언택트 교육을 이끌어내기 어렵다. 디지털교과서를 활용하라고 하고 AR과 VR 같은 가상공간을 활용하여 수업을 하라고 한다. 하지만 이것은 5G급의 초고속인터넷 환경에서나 가능하다. 지금 일선 학교 현장을 보라. 5G 환경은커녕, 인입선이 광케이블이 아닌 구리선인 채로 남아 있는 학교가 부지기수다.

코로나19의 풍랑 위를 서핑하는
발 빠르고 용감한 교사 4인의 이야기

그러나 이렇게 부실한 학교 현장 속에서도, 나름의 의지와 노력으로 미래 학교의 모델을 연구하고 준비해온 교사들이 있다. 이 책을 쓴 4인의 교사는 마치 코로나19 사태를 예견하기라도 한 듯, 이미 온라인과 디지털을 기반으로 한 스마트 원격 수업의 길을 닦아왔다. 개인적 계기를 통해 온라인·디지털 수업의 필요성과 가치를 발견하고 선제 대응해온 이들은, 코로나19 사태의 혼돈 속에서 교육 체제 혁신의 구심점 역할을 하고 있다. 이들이 합심하여 내놓은 결과물이 바로《스마트 클래스를 위한 슬기로운 온라인 수업》이다.

　　이 책에는, 경직된 공교육 체제하에서 한정된 시간과 자원을 할애해 고군분투해온 이들의 경험과 노하우가 고스란히 담겼다. 아직은 낯선 원격 교육 체제에 적응하느라 애쓰고 있는 일선의 교사들에게 좋은 본보기가 됨은 물론, 새로운 체제의 안착을 도모하고자 시스템 보완과 개선을 고민 중인 교육 당국에도 적절하고 효율적인 방향과 솔루션을 제공할 것이다. 아울러 사전 준비 없이 전격 도입된 온라인 원격 수업 체제의 명암을 돌아봄으로써, 향후 상시적으로 활용될 온라인 수업의 안정적 운용에 기여하고자 한다. 교육 현장 혁신의 문을 먼저 열고, 한발 앞서 그 길을 닦아온 이들의 생생한 목소리를 지금 들어보자.

지은이 4인을 대표하여,
김재현 씀

1부

메르스라는 실험, 코로나라는 실전, 그리고 포스트 코로나를 향한 도전

▶ 김재현

1장 한발 앞선 온라인 수업으로 메르스 휴업 사태를 극복하다

❶ 플립러닝으로 시작한 나의 첫 온라인 수업

나는 13년차 중등교사다. 원래 공과대학 토목공학과를 졸업하고 터널 설계 엔지니어로 직장 생활을 시작했으나, 여자 친구(지금의 아내)의 권유로 교사의 길에 도전하게 되었다. 이렇게 늦깎이로 교단에 입문하였고, 뒤늦게 가르침의 매력에 푹 빠져 살고 있다.

이전의 전공이 건설 관련 분야였기에 기술 교과를 가르칠 수 있는 전공을 선택하였고, 교육대학원을 졸업하여 석사학위를 취득한 후 지금 근무하고 있는 중앙기독중학교에 사립교원으로 임용되었다. 원래 나는 온라인·스마트 교육의 전문가는 아니었다. 지금도 컴퓨터에 문제가 발생하면 해결하는 것을 어려워한다. 나의 교육학 석사학위 논문은 노작교육과 관련한 것이었으며, 학교에서 주력으로 담당했던 분야는 자기주도학습법과 관련한 연구 활동이었다.

그랬던 내가 스마트 교육에 눈을 뜨게 된 계기가 있다. 스마트니 온라인이니 하는 말들조차도 낯설게 여겼던 2012년, 처음으로 수업 동영상을 찍어본 것이다. 그 당시에 미국에서 시작된 플립러닝(Flipped Learning)이라는 낯설고 생소한 개념을 우리 학교에서 주목했다. 플립러닝은 미국 콜로라도주의 고등학교 교사였던 존 버그먼(Jon Bergmann)이 스포츠 활동으로 수업 결손이 생긴 학생들을 위해 고안한 것으로, 사전에 수업 내용을 영상으로 촬영하여 학생에게 제공하는 것에서 시작되었다.

이후 그 방법은 수업의 순서를 바꾸는 방향으로 진화했다. 기존 수업은 대개 교실에서 수업을 듣고 집에 가서 과제를 수행하는 순서였던 데 비해, 이 새로운 방식은 가정에서 수업 영상을 우선 시청한 뒤 학교에 와서 그에 대한 실제적인 토론과 실습, 과제를 수행하는 '거꾸로 된' 순서의 수업 모델을 제시했다.

플립러닝은 2015년 3월에 방영된 KBS 특별기획 〈거꾸로 교실의 마법: 1000개의 교실〉을 통해 한국에 본격 소개되었다. 방송을 본 한국의 학교 관계자들은 그 혁신적 광경에 깜짝 놀랐고, 너도나도 그 분위기에 올라타며 우리 교단에는 플립러닝 돌풍이 불어닥쳤다. 사실 나는 그보다 앞선 2012년에 학교에서 플립러닝 실시에 대한 제안을 받았고, 몇몇 선생님과 함께 시범적으로 그것을 수행해봤다.

처음 내가 수업 영상을 제작한 것은 중학교 1학년 기술 수업이었다. 매 차시마다 다음 차시의 학습지를 미리 제작하여 출력·제공하고, 거기에는 항상 QR코드를 붙여놓았다. 그것을 스캔하면 해당 학습지에 대한 설명 영상이 재생되는데, 나는 일일이 그 영상을 촬영하고 편집하면서 관련 기술들을 조금씩 익혀나갔다. 지금 다시 보면 참 부족한 영상이지만, 나에게는 온라인 수업의 시작이 된, 의미 있는 작업이었다.

❷ 미국 교육 탐방이 나에게 준 충격

2015년 1월, 교육에 대한 나의 시선을 바꾸는 데 결정적 계기가 된 교육 탐방이 시작되었다. 바로, 미국 학교 현장 탐방. 이전에 일본과 국내의 여러 학교들을 다니면서 다양한 형태의 교육 현장을 탐방했었으나, 미국 방문은 이때가 처음이었다. 나의 첫 미국 여행이기도 했다.

텍사스주 댈러스에서 개최된 플립러닝 콘퍼런스에 참석하기 위해 중앙기독중학교의 교사 4명과 학교 전산을 총괄하는 전문 직원 선생님까지, 총 5명이 자비를 들여 미국행에 나섰다. 글로만 접하며 연구하고 준비해온 플립러닝을, 그 본고장인 미국의 선생님들이 실제로 활용하는 모습을 보며, 우리도 학교 수업의 패러다임을 서둘러 변화해야 한다는 점을 더욱 확신하게 되었다.

✓ 개인 디지털 디바이스를 활용해 수업 중인 미국 학생들

✔ 교육목표 분류학　　　　✔ 새로운 교육목표 분류학

우리가 알고 있는 교육목표 분류학(Bloom's Taxonomy)에 의하면, 학생은 지식(Knowledge)을 습득하는 단계에서 점차 상위 영역으로 학습 성취도를 높여가면서 결국 평가(Evaluation)에 참여할 수 있는 영역까지 나아간다. 이것이 지금까지 우리 교육에서 제시하는 교육의 목표였다. 하지만 미국에서 본 새로운 개념의 교육목표 분류학(21st Century Bloom's Taxonomy)에서는, 수업 시간 내에 학생들이 스스로 학습의 완성에 도달하는 것을 목표로 한다. 결국 수업의 마지막은, 배운 것에 대하여 스스로 창조(Creating)해내는 영역까지 수행함을 목표로 하고 있었다.

내가 만나본 미국의 선생님들은 수업 시간에 '강의'를 하지 않았다. 교사가 기본적인 내용과 주의 사항 등을 전달한 뒤 바로 학생들의 활동 중심 수업으로 넘어가는 경우가 많았다. 교사가 수업 시간에 '가르침'의 행동을 최대한 줄이는 대신 학생들 스스로 수행하는 시간을 갖게 하고, 질문하고 토론하는 시간을 이끌어냈다. 이렇게 학생이 주도권을 지닌 채 운영되는 수업을 통해, 학생들은 스스로 문제를 해결하는 힘을 기르고 있었다.

또한 대부분의 교실에는 학생과 교사가 개인 디지털 디바이스를 사용할 수 있는 환경이 구축돼 있었다. 이는 BYOD(Bring Your Own Device)라는 개념으로, 학생들이 개인 노트북이나 태블릿 PC를 사용하여 수업의 모든 과정을 온라인상에서 편리하게 공유하고 협업할 수 있다. 웹 검색이 가능하기 때문에 수업의 형태도 교과서의 지식을 단순 전달하는 방식을 넘어서 있었다.

학생들이 BYOD를 한다는 것은 단순하게 기기를 수업에 활용하는 것을 넘어, 수업의 디자인과 방식 자체가 바뀌는 것을 의미한다. 학생들은 자기가 배울 단원과 주제만 알면, 언제 어디서든 인터넷으로 구글이나 유튜브에 접속하여 학습할 내용을 검색하고 기본적인 지식을 미리 습득할 수 있다. 그 지식 전달의 과정 자체를 교사가 더 이상 수행할 필요가 없다는 게 중요하다. 많은 지식 정보가 이미 온라인상에 올라 있으니 학생들은 그것을 미리 찾아서 습득하고, 학교에서는 그것을 이용한 활동 중심으로 수업을 진행할 수 있는 것이다. 온라인상에서 문서 등을 공유하며 동시다발적인 수행이 가능하니 학생들의 수행 시간도 훨씬 단축되고 그 확장성 또한 우수해진다.

그런 수업의 모습을 직접 목도한 나로서는 충격을 받지 않을 수 없었다. 최첨단 IT 장비들이 학교마다 준비되어 있고, 그것을 이용한 다양한 활동 수업이 이루어지는 광경. 교실에서 교사가 학생들에게 더 이상 일방향적으로 가르치지 않는다는 것, 칠판을 사용할 필요가 없다는 것, 그리고 학생들이 교사가 준비한 학습지 출력물을 푸는 대신, 각자 소지한 디지털 디바이스 화면을 통해 즉각적으로 반응한다는 것, 수업하는 내내 학생들이 직접 무언가 만들고 토론하면서 시간을 충분히 사용한다는 것. 학생 시절 강의식의 수업만 받아왔고 교사로서도 강의식 수업만 해오던 우리들로서는, 이 모든 광경이 충격과 놀라움이 아닐 수 없었다.

우리는 미국에서 공·사립 K-12 학교 5곳을 둘러보는 내내 감탄을 금치 못했다. 14일간의 탐방을 마치고 한국에 돌아온 나는 감출 수 없는 흥분과 혈기에 사로잡혔다. 그리고 우리 교육 현장에서 10년 내에 이런 교육을 실현해보겠다는 다짐을 하기에 이르렀다. 그것을 위해 고민한 끝에 다음과 같이 생각을 정리했다. 우리 학교 현장에서 '거꾸로교실', 즉 플립러닝을 이끌어내려면 다음 세 가지 서비스가 우선 확보되어야 한다.

첫 번째, 온라인 플랫폼이 갖춰져야 한다. 그래야 그 플랫폼에 교사의 수업 영상이나 강의 노트, 자료 등을 탑재할 수 있다. 온라인 플랫폼을 갖췄으면, 두 번째 단계는 개인 디지털 디바이스 확보다. 학생들이 소지하는 기기의 종류 역시 통일해줄 필요가 있다. 운영체제에 따라서 사용하는 서비스나 프로그램이 달라지기 때문에 동일한 디바이스를 사용해야 한다. 그런데 당시 우리나라 학교에서는 디바이스 통일은커녕, 학교 수업에 디바이스를 들이는 것 자체가 허용되지 않는 분위기였다. 그리고 세 번째, 디바

온라인 플랫폼

플립러닝을
위한
3요소

무선인터넷

디지털 디바이스

이스들은 대부분 무선장치이기 때문에 무선인터넷이 필수적이다. 이 또한 당시 학교 현장에서는 허용되지 않았다. 보안성 검토라는 장벽에 막혀, 실현하고 싶어도 실현할 수 없는 꿈이었다. 나는 이 세 가지, 즉 온라인 플랫폼, 개인 디지털 디바이스, 무선인터넷을 완비하여 운영하는 체계를, 내가 근무하는 학교에 10년 내에 갖추겠다고 결심했다.

유능한 목수는 연장 탓을 하지 않는다는 말이 있다. 하지만 나는, 가끔은 연장 탓을 해야 한다고 생각한다. 아무리 유능한 목수라고 할지라도, 연장이 미비한 환경에서는 자신의 실력을 제대로 펼쳐 보일 수 없다. 교사도 마찬가지다. 물론 위의 세 가지 요소가 다 갖춰진다 하더라도 플립러닝이 하루아침에 제대로 이루어질 리는 없다. 그러나 이건 기본적인 시스템을 갖춘 다음 고민할 영역이다. 먼저 플립러닝이 가능한 학교 환경을 갖추는 노력이 있어야 하고, 그 위에서 교사의 역량을 강화하기 위한 노력을 아울러 해나가야 할 것이다.

❸ 메르스가 우리에게 준 교훈

2015년 5월에 불어닥친 중동호흡기증후군(메르스) 사태를 우리는 모두 겪었다. 그전에도 사스, 신종플루와 같은 전염병의 확산으로 세계가 공포에 떨긴 했지만, 메르스 때만큼 우리나라에서 확산성이나 치사율이 높았던 적은 없었다. 당시 메르스 사태로 결국 학교들은 일정 기간 문을 닫는 지경에 이르게 됐다.

　6월 초, 많은 초·중·고등학교에서 학교장 재량 임시 휴업을 결정하고 학생들의 단체생활을 철저하게 제한했다. 당시 메르스 휴업 사태가 우리 교육계에 던진 과제가 있었다. '앞으로 이와 같은 천재지변 상황에서 우리의 학교 교육은 어떻게 진행되어야 할 것인가?' '학교에는 아이들이 모여 있다 보니 감염 등 여러 우려가 생길 수밖에 없는데, 그럴 때마다 우리의 대비책은 "학교에 나오지 마라"는 것뿐이어야 하는가?' 모든 학교의 교직원들은 이러한 고민에 빠졌다.

　그때 우리 학교는 그동안 준비해온 온라인 수업 시스템

을 운용하기로 재빨리 결정했다. 우리는 이미 2008년부터 전 교직원이 구글 이메일을 사용하고 있었고, 구글의 생태계에서 어느 정도 인프라를 갖춘 채 업무 환경을 유지하고 있었다. 그러던 중 2014년에 구글에서 '구글클래스룸'을 론칭했다는 소식이 들려왔고, 내가 미국에 다녀온 직후인 2015년 3월 신학기부터 그걸 도입하여 일부 과목과 수업에서 조금씩 적용해보고 있었다. 그러다가 2015년 6월 첫째 주에 메르스 사태로 임시 휴업에 들어가자 전면 온라인 수업을 시작하게 된 것이다.

우리나라는 코로나19 사태 발생 직후인 2020년에 들어서야 처음으로 온라인 수업을 전면 시행했다. 그런데 우리 학교는 이미 5년 전인 2015년부터 '온라인 수업'이라는 단어를 사용해왔고, 온라인 개학식도 매년 진행했다. 코로나19 사태로 인해 '온라인 개학식'이라는 단어를 교육부와 언론에서 언급하는 것을 보며 '아, 저건 내가 만든 말인데!' 생각하며 쓴웃음을 짓기도 했다.

이처럼 우리 학교는 2015년 휴업 당시에 다른 학교 현장에서는 시험하지 않은, 꼭 해야 할 필요도 없었던 온라인 수업을 단행하며 수업 결손을 최대한 줄일 수 있었다. 학교장을 비롯한 운영진의 용기 있는 결단이 있었기에 가능한 일이었고, 그 업무를 담당한 나로서는 수업 패러다임의 변화를 위한 중요한 시험대가 될 기회였기에 물러서지 않고 도전해보았다.

2020년 온라인 수업 실행 과정에서 일선 학교들이 겪은 부작용과 고충들을 우리 학교에선 그때 이미 겪었다. 메르스 휴업으로 인한 온라인 수업 당시 우리가 겪은 어려움 중 가장 큰 것은, 바로 학생들 모두가 개인 디바이스를 갖추고 있지는 못하다는 점이었다. 자녀 두세 명이 한꺼번에 학교에 다니는 가정에서는 이로 인한 어려움이 더욱 가중되었다. PC 한 대를 놓고 아이 두셋이 온라인 수업을 하려니 쉽지 않고, 저학년 아이들은 디지털 기기에 익숙하지 않으며, 디지털 기기를 게임기 정도로 인식하고 있던 학부모들은 온라인 수업 자체에 반발하기도 했다.

메르스 당시 우리 학교의 온라인 수업은, 코로나19 사태로 시작된 온라인 수업 모델과 거의 비슷하게 운영되었다. 하루에 3교시가량의 수업을 운영했는데, 정규 교과과정의 모든 단원을 선생님들이 직접 영상으로 제작하여 구글클래스룸에 탑재하고, 학생들이 그것을 시청한 후 개별 과제 또는 모둠 과제를 실시하여 제출하는 형태로 수행평가를 진행하였다.

물론 당시 온라인 수업은 수업 시수로 인정받지 못했기에 실제 생활기록부 평가에 반영하지는 않았다. 미래 학교의 모델을 실행해보고 싶지만 그럴 수 없는 환경에서, 학생들에게 서비스 차원의 온라인 수업을 제공하고, 학교는 위기를 기회로 삼아 수업 혁신을 연습해보는 중요한 도전의 시간이었다. 아마 우리나라 공교육 내 학교들 가운데 최초로 전면 온라인 수업을 실시했던 사례가 아닐까 싶다.

그때 나는 미국 교육 탐방을 다녀온 직후라 최신 IT 기술을 활용한 학교 수업 혁신에 큰 관심을 가진 상태였다. 마침 학교에서도 미래 교실의 모델에 관심이 깊었던 터라, 우리는 이처럼 온라인 수업의 혁신을 주도하는 데 가속페달을 밟을 수 있었다. 게다가 막 출시된 구글클래스룸을 서둘러 도입하여 수업 혁신을 위한 시스템까지 준비해둔 상황에서, 때마침 찾아온 메르스라는 위기 상황은 역설적이게도 우리에겐 너무 중요한 기회가 되었다.

메르스 휴업 당시 온라인 수업 진행 방식

조회 행아웃미트(구글미트) 조회

학급에 담임교사와 부담임교사가 있다. 이들이 학생을 절반씩 나눠 맡아, 구글의 화상통화 서비스인 '행아웃미트(지금의 구글미트)'를 연결한 다음, 학생들의 얼굴을 확인하며 질문도 받고 간단한 조회를 한다. 온라인 화상으로라도 대면하는 것은, 수업 참여에 대한 열의를 조금이라도 더 끌어올리기 위함이다. 이때 아이들이 제각기 떠들어 소란할 수 있으므로, 참여 조건은 '마이크 음소거' '선생님이 지목한 사람만 말하기' '질문은 채팅으로 하기' 등으로 정한다. 전염병 확산 중이므로, 비록 온라인이지만 매일 아침 조회 때 발열 여부 등 학생들의 건강 상태를 점검한다.

1교시 국어: 제품 설명하기

자신이 소개할 제품에 대해 설명하는 글쓰기 수업. 교사는 구글클래스룸에 수업에 관한 간단한 사전 정보와 해당 교과서 쪽수 등을 기록해둔다. 학생들은 첨부된 구글문서 양식에 자신의 글을 작성해 올려 수행평가를 진행한다. (교사는 특별한 수업을 준비할 필요 없이, 지난 수업 진도에 이어서 진행하면 된다. 아울러, 정보 전달 방식의 수업 말고, 간단한 지시 사항을 전달하여 과제 수행 방식으로 진행해도 된다.)

제출 기한은 해당 교시 내로 설정하여, 학생들이 과업 수행을 등한히 할 우려를 방지한다. 해당 수업에서 학생이 수행해야 하는 영역에 대한 명확한 경계 설정과 정확한 지시 사항이 없는 채로 온라인 수업이 진행되면, 학생들의 몰입도는 떨어질 수밖에 없다. 사실 평소에 수행 능력이 부족했던 아이들은 오프라인에서건 온라인에서건 집중도가 떨어지는 건 마찬가지. 온라인 수업이 오프라인 수업에 비해 학생들의 수행 능률이 떨어진다는 주장은 타당하지 않다.

2교시 **수학: 1차방정식**

교사는 사전에 제작한 수업 동영상을 학생들에게 제공한다. (중앙기독중은 이전부터 동영상 공유 플랫폼에 학기당 20유닛의 동영상을 탑재해두고 있었다. 수학 과목의 경우, 이미 전 과정을 플립러닝으로 진행하고 있었던 것.) 학생들은 선생님이 직접 찍은 수업 영상을 시청한 뒤 수학 익힘책을 푼다. 그 모습을 사진으로 찍어서 구글클래스룸에 올리면 수업과 과제 수행이 완료된다. 온라인 수업이라고 해서 학생들이 무조건 디지털 디바이스를 사용하여 과업을 수행할 필요는 없다. 손으로 문제를 풀고 그것을 사진으로 기록해 올리는, 상대적으로 간편한 방식의 과제가 더 효과적일 때도 있다.

3교시 **사회: 내 고장 알아보기**

교사는 EBS 〈한국기행〉 동영상 자료를 사전 검색하여 시청하고, 해당 영상 링크를 구글클래스룸에 첨부한다. 학생들은 온라인으로 그것을 시청한다. 교사가 모든 수업 자료 영상을 만들 필요는 없다. 경우에 따라, 좋은 영상을 잘 찾아내어 학생들에게 제공하는 역할이 더욱 중요한 일일 수도 있다. 학생들에게는 영상 시청 후 간단한 소감을 댓글로 작성하게 하고, 관련된 수행활동은 휴업이 종료된 이후 수업 시간에 하겠다고 공지한다.

우리 학교는 이런 식으로 구글클래스룸과 유튜브 등 온라인 플랫폼을 이용하여 학생들과 안정적으로 온라인 수업을 진행했다. 이를 통해, 메르스 사태로 인한 5일간의 학교장 재량 휴업 기간 동안에 수업 결손을 최소화할 수 있었다. 거의 정상적으로 수업을 진행했지만, 교육청에서는 온라인 수업을 정상 수업으로 인정한 전례가 없다며 이 기간의 수업을 출석 일수 산정에 포함하지 않았다. 휴업 기간에도 결손 없이 열심히 수업했지만 다른 학교와 동일하게 방학 일수를 줄일 수밖에 없는 상황이 되었다. 무척 아쉽고 답답한 일이지만, 당시는 공교육 학교에서 온라인 수업 일수 인정에 대한 제도화가 이루어지지 않았던 터라 달리 어쩔 도리가 없었다.

불과 몇 해 전이지만, 2015년 당시에는 스마트폰을 갖고
있지 않은 학생도 많았고, 학생들 가정에 노트북이나 태블릿 등
디지털 디바이스가 없는 경우도 많았다. 게다가 부모가 출근을 하
고 학생 혼자 집에 있는 경우도 많아, 온라인 수업 진행은 여러모
로 쉽지 않았다. 그러던 중 2016년경에 '4차 산업혁명'의 어젠다가
확산된 뒤 우리 사회 전반에 디지털 디바이스 보급이 확대되고,
클라우드 기반 서비스의 다양한 움직임들이 생겼다. 또한 세계적
IT 기업들의 학습관리시스템(Learning Management System, 즉 LMS)
개발 경쟁이 가속화되었다. 특히 구글의 교육용 지스위트(G-Suite
for Education) 서비스는 각 학교에 온라인 가상 교실을 구축할 수
있도록 했으며, 이를 통해 학생들의 창의성을 향상하는 학습자 중
심 수업으로 변화하는 움직임이 가속화되었다.

❹ 크롬북으로 만들어가는 미래 수업

나는 컴퓨터를 전공한 적도 없고, 디지털 기기에 대해서 딱히 아
는 바가 없었다. 컴퓨터라 하면 데스크톱과 노트북, 태블릿PC 정
도밖에 모르는 사람이었다. 그런데 2016년 초 접하게 된 크롬북은
그동안의 고민을 해결해줄 완벽한 디바이스로 보였다.

2015년 1월에 미국 탐방을 다녀온 후 내 머릿속에는, 어떻

게 하면 학급의 '1인 1디바이스화'를 이룰 수 있을까 하는 고민이 가득 차 있었다. 스마트폰은 화면이 너무 작고 학생마다 기종과 사양이 다양해서 한계가 명확했다. 또한 언제든 학생들이 게임 등으로 '이탈'할 우려가 있는 위험한(?) 기기로 생각되었다.

때마침 국내 전자 업체에서 학교마다 안드로이드 기반의 태블릿PC를 보급하는 사업이 한창이었다. 물론 태블릿도 스마트 수업에 쓸 수는 있지만, 기기의 로그인을 개인 계정으로 할 수 없고, 수시로 로그인과 로그아웃을 하기에 적절한 기기로 보이지 않았다. 결정적으로, 키보드 같은 입력장치가 없기 때문에 수행평가 등의 작업을 하기에 적절하지 않다는 단점이 있었다. 수업용 영상 콘텐츠를 감상하는 '화면 큰 스마트폰' 정도의 기능만을 수행할 수 있을 것 같았다.

당시 다양한 교과에서 발표 수업을 많이 진행했다. 학생들은 그 발표 수업을 위해 부모의 노트북 등 갖가지 디지털 기기를 가져왔다. 그걸 볼 때마다 안타까운 마음이 많이 들었고, 동일한 기기로 '1인 1디바이스화'를 실현할 방법에 대해 궁리하기 시작했다. 그래서 학생들에게 설문조사를 해봤다. "학교 수업에 가장 적합한 디바이스는 뭐라고 생각하나요? ①스마트폰 ②태블릿PC ③노트북" 그 결과, 전교생 250여 명 중 약 94퍼센트의 학생들이 노트북을 꼽았다. 내 예상과 마찬가지로, 학생들은 수행평가를 위한 작업이나 발표의 원활함을 고려해, 키보드가 달린 노트북 형태의 기기를 원하고 있었다.

하지만 노트북에도 치명적인 단점이 있었다. 노트북이 채택하고 있는 윈도 운영체제에서는 다양한 소프트웨어를 설치할 수 있고, 그로 인해 학생들이 PC게임이나 불필요한 사이트에 접속할 가능성이 높아질 수밖에 없었다. 또 바이러스에 취약하므로 백신 설치와 관리를 해야 하고, 시간이 지날수록 처리 속도가 느려지는 등의 문제를 해결할 유지·관리 인력이 따로 필요하다는 문제가 있었다. 게다가 쓸 만한 노트북은 100만 원 안팎의 고가라는 점이 결정적인 문제였다.

그런데 참 신기하게도, 때마침 새로운 디바이스가 등장했다. 2016년 새 학기를 준비하던 1월 어느 날, 동료 교사가 공유해 준 한 기사는 내 심장을 두근거리게 했다. '크롬북' 제품의 국내 출시를 알리는 기사였다. 그동안 소문만 들었을 뿐, 실물을 본 적 없는 '내 꿈의 디바이스'가 국내에 출시된다고 하니 설레는 마음을 감출 수 없었다. 막 태어난 아기를 만나러 가는 심정으로 제품 설명회에 참석했다.

크롬북은 가격이 저렴한 디바이스이기 때문에 기능의 한계가 있었지만, 그 한계 때문에 오히려 학생들이 사용하기에는 더욱 적절해 보였다. 구입 후 별도의 소프트웨어 설치 과정 없이, 바로 사용할 수 있다는 장점도 있었다. 구글 계정만 있으면 바로 쓸 수 있으며, 구글의 모든 문서 도구를 활용하여 거의 완벽한 오피스 환경을 즉시 구축할 수 있었다. 휴대용 기기로서 장시간 사용 가능한 배터리가 제공되며, 크롬 브라우저만 쓸 수 있기에 바이리스의 유입이 원천적으로 불가능했다. 특히 키보드가 있기 때문에 다양한 작업 수행이 가능하여 학교 수업용으로 아주 적절했다.

이미 수년간 구글 플랫폼을 수업에 활용해온 우리 학교로서는, 크롬북을 선택하는 게 자연스러운 일이었다. 결국 2016년 2월에 출시한 크롬북을 바로 다음 달인 3월에 신입생들 전원이 구입하여 사용하게 하는 파격적인 시도를 했다. 사립학교이고, 학생들이 타 학교 배정을 포기하고 바로 진급하는 중학교이기에 가능한 일이었다. 이런 특수한 조건 덕분에, 급박한 상황에서도 학생들의 개별 구매가 신속하게 진행되었다. 그렇게 보낸 2월 말은, 크롬북에 대한 조사와 학교 적용 방안, 운영 계획, 문제 발생 시 대처 방법 등에 대해, 나의 교사직을 건 채 고민하고 준비하는 시간이었다.

2020년 시점에도, 국내 인가 학교 중에서 BYOD 방식으로 수업을 운영하는 곳은 우리 학교와 일부 자사고 정도밖에 없다. 이는 그만큼 어려운 일이어서, 우리는 국내 최초로 크롬북으로 BYOD를 실현한 학교로서의 부담감과 함께 치명적인 위험 부담도 안고 있었다. 코로나19 사태와 같이 중차대하고 급박한 환경이 형성되지 않은 당시로서는 학교 수업에서 디지털 디바이스의 필수성을 설득하기에 어려움이 있었지만, 우리는 혁신을 감행했다. 학부모 설명회를 개최했고, 학교 운영진과의 토론을 거치면서 빠르게 도입에 성공했다.

생소한 기기가 들어오자 학생들과 교사들 모두 낯섦에 어

✔ 크롬북을 이용해 수업하고 있는 학생과 필자

쩔 줄 몰라했다. 마치 새로 전학 온 친구를 맞을 때와 같은 기분으로, 학생들은 이 요상한 상대와 어떻게 해야 친해질 수 있을지 궁금해했다. 그러는 동안 일부 과감한 아이들은 집에서 노트북을 사용할 때처럼 게임이나 학습 외의 것을 시도했다. 서둘러 이 디바이스를 학습 도구로서 학생들에게 적용시키는 준비를 해야 할 때였다.

❶ ICT 활용 수업은 어려워

드디어 학교에 들어온 크롬북. 노트북도 태블릿도 아닌 이 요상한 기기는 학교의 필요에 딱 맞아떨어지는 디바이스였고, 학습 환경도 이 기기를 활용하기 적합하게 구축되어가고 있었다. 크롬북은 기본적으로 무선인터넷을 사용하는 디바이스이다. 따라서 무엇보다 중요한 것이 바로 원활한 무선인터넷 환경의 확보이다.

그런데 최근까지 우리나라의 공교육 영역에서는 보안 문제를 이유로, 몇몇 시범학교와 연구교실을 제외하고는 교실 내에 무선인터넷 설비 구축과 사용을 허용하지 않았다. 전 세계에서 가장 빠른 인터넷 환경을 자랑하며 이미 5G가 보편화된 'IT 강국' 대한민국에서, 유독 학교 교실만은 2G 시대를 벗어나지 못한 것이다. 근래에는 우리나라 학생들의 ICT 활용성이 OECD 국가 중에서 꼴찌라는 충격적인 소식까지 전해졌다. 우리를 부끄럽게 한 이 현실의 책임에서, 학교와 가정은 벗어나기 어렵다.

우리는 아이들에게, 인터넷은 중독에 빠질 우려가 있고, 유튜브는 불건전한 영상이 잔뜩 있는 위험한 매체이며, 스마트폰 사용은 뇌를 망가지게 한다는 의식을 어릴 때부터 심어주었다. 그로 인해 아이들은 스마트폰이나 컴퓨터를 쓰는 것에 죄의식을 가지고 있다. 그렇게 억압받으며 디바이스와 인터넷 활용에 대한 부정적인 인식을 지닌 채 살아온 아이들인데, 학교에서 이런 기기를 이용해 학습을 하겠다고 하니, 그들은 갑자기 펼쳐진 상황에 당황하지 않을 수 없었다. 이런 당황은 학생뿐 아니라 교사와 학부모 모두 마찬가지였다.

일부 교사들은 이 기기가 수업을 방해하리라 생각하며 달가워하지 않았다. 교사의 교육권을 침범하는 발칙한 물건으로 여겼다. 학생들은 교사의 눈치를 보며 수업과 무관한 내용의 검색과 영상 시청, 만화 보기 등을 시도했다. 교사의 눈을 피하며 딴짓하느라 수업에 집중하기 어려워하는 학생들이 속속 나왔다. 대체 우리 아이에게 왜 이런 기계를 줘서 공부도 못 하게 만드느냐며 학교와 교사를 원망하는 학부모도 있었다. 자칫 크롬북을 비롯한 디지털 디바이스는 학교 현장에서 없어져야 할 애물단지가 되는 건 아닌가 하는 불안함도 들었다.

그렇게 어려운 중에도 꿋꿋하게 디바이스 활용 수업을 시행했으며, 중학교 1학년 자유학기제에는 '디지털 리터러시' 과목을 개설하여 학생들이 자발적으로 디바이스를 잘 사용하는 방법을 익히게 했다. 이것은 교육으로만 되는 것이 아니라, 학교 현장과 실생활 속에서 녹아들게 하기 위해 학교 공동체 모두의 노력이 필요한 일이었다. 당시 중학교 1학년 학년부장이었던 나는, 모든 학급의 신입생들에게 매일 같은 말을 외치고 다녔다. "크롬북은 학습 도구야." "크롬북은 교과서야." 가정과 학교에서 지켜야 할 디바이스 사용 규칙을 만들고 서약서를 작성하는 등, 학생과 학부모에 대한 끈질긴 유도와 설득을 이어나갔다. 다행히 학생과 교사, 학부모 들은 크롬북을 점차 친밀하게 여기기 시작했다.

곧 크롬북은 우리 학교 수업에서 매우 중요한 요소가 되었으며, 크롬북 없이는 수업을 진행하기 힘든 상황에까지 이르렀다. 크롬북을 활용한 수업에는 다양한 형태가 있는데, 특히 중요한 영역은 바로 클라우드 기반의 수업 모델들이었다. 구글클래스룸을 활용한 수업에서는 교사가 부여한 과제물을 학생이 즉각적으로 수행하고 교사도 이에 실시간으로 반응하여 평가하는 등, 그 활용성이 매우 높았다. 이전의 수업에서 학생들은 사전에 조사하고 준비해 와야 하는 것들이 많았는데, 디지털 디바이스 도입 이후로는 수업 시간에 필요한 정보를 즉시 검색할 수 있게 되었다.

이렇게 학생들은 수업 중에 교사가 들려주는 지식만을 얻

✔ 서둘러 전격 도입한 디지털 디바이스 활용 수업. 학생들은 다행히 빨리 적응했고, 어느새 디지털 디바이스는 수업에서 빼놓을 수 없는 요소가 되었다.

는 수준을 넘어서서, 자신에게 필요한 정보를 바로 찾아 보충하는 등 더욱 풍성한 학습을 할 수 있게 되었다. 아울러 교사는 새로운 교육목표 중 가장 상위 개념인 '창조' 영역에까지 학생들을 이끌어, 그들로 하여금 스스로 수업의 완성에 도달할 수 있게끔 수업을 디자인하게 되었다. 결국 수업은 점점 교과서의 한계를 넘어, 다양한 정보를 능동적으로 찾아 생산해내는 영역에 이르게 된다. 진정한 의미의 프로젝트 기반 학습으로 이동해 가는 것이다.

❷ 유튜브로 공부합시다

모두가 알다시피 유튜브는 세계 최대의 동영상 공유 사이트로, 사용자가 무료로 영상을 보거나 업로드 또는 공유할 수 있다. 유튜브에는 개인이 제작한 영상을 비롯하여 다양한 영상 콘텐츠가 업로드된다. 비공식 통계에 따르면, 전 세계에서 하루에 업로드되는 유튜브 영상들의 분량을 합치면 85년간 재생할 수 있는 양에 달한다고 한다. 그만큼 방대한 양의 내용이 업로드되고 있으며 거기서 파생되는 정보력 또한 엄청나다 할 수 있다.

과거에는 궁금한 게 있으면 책을 찾아보거나 다른 사람에게 물었다. 그러다가 인터넷 사용이 보편화된 뒤로는 이른바 '구글 신'의 도움을 얻어, 원하는 정보의 상당 부분을 인터넷 검색만으로 찾아낼 수 있게 되었다. 그리고 최근에는 엄청난 영상 콘텐츠를 확보하고 있는 유튜브를 통해, 원하는 정보는 무엇이든 '영상'으로 접하는 시대에 이르렀다. 근래 조사들에 따르면, 유튜브는 한국인이 가장 많이 사용하는 동영상 어플리케이션으로 줄곧 꼽히고 있다.

10대 학생들 역시 스마트 기기를 이용할 때 게임 다음으로 유튜브에 많이 접속한다. 학생들은 유튜브로 무엇을 하고 있을까? 유튜브엔 유해한 영상도 있고 유익한 영상도 있다. 기성세대는 아이들이 유튜브를 통해 주로 해로운 것을 보리라고 흔히 생각한다. 학생들에게 있어 스마트폰이란 곧 게임기이고, 유튜브는 못된 것이나 보여주는 영상매체라고 생각하는 고정관념을 갖고 있는 것이다. 그러나 수위 높은 신체 노출이 있는 영상은 유튜브 정책상 대부분 차단되고 있으며, 로그인 계정 설정에 따라 필터링도 가능하다. 실제로 학생들은 취미 생활이나 교과 학습 관련 내용들을 유튜브로 접하며 배우고 있다.

한편 기성세대가 우려하는 대로, 학생들은 유튜브를 통해 모바일 게임도 배우고 성에 대한 정보도 처음으로 접하는 게 사실이다. 그러나 이른바 '야동'에서 보거나 '동네 형'이 가르쳐주는 왜곡된 성 지식보다 훨씬 객관적이고 덜 선정적인 성 지식을 습득하는 경우가 많다. 양질의 학습 강의, 악기 연주나 춤 연습과 같은 취미 관련 영상도 유튜브에서 접한다. 이는 본질적으로, 기존의 TV 방송을 보던 습관과 크게 다르지 않다. 이미 TV에서도 다양한 콘텐츠가 방송을 통해 제공되어왔다. 무엇을 볼지는 시청자의 판단에 따른 것이었다. 리모컨을 들고 이 채널 저 채널 옮기며 관심이 있는 프로그램을 보다가 이내 다른 채널로 이동하곤 했다. 이와 같은 매체가 유튜브로 옮겨 간 것뿐이다.

유튜브 러닝 콘텐츠 시장은 급격히 커지고 있으며 그 안에서 주를 이루는 세대가 바로 10대이다. 2018년 11월 유튜브가 시장조사 기업 엠브레인과 함께 조사한 결과에 따르면, 러닝 콘텐츠를 시청하는 목적 가운데 '취미 및 여가 생활을 즐기기 위해서'라는 답변이 48.4퍼센트로 가장 높은 수치를 기록했다. 바로 그 뒤를 이어 '지식 향상을 위해' 러닝 콘텐츠를 시청한다는 답변이 24.8퍼센트로 나타났다. 이처럼 유튜브를 통해 무언가 즐기고 배우는 게 일상화된 상황에서, 유해 콘텐츠에 아이들이 노출될까봐 걱정만 하고 있어서는 안 된다. 우리에게 중요한 것은, 그 안에서 학습과 관련한 양질의 콘텐츠를 찾아내는 일이다.

'구독'과 '좋아요' 버튼은 신중히

이런 시기에 우리가 아이들에게 해줄 수 있는 것은 무엇이 있을까? 유튜브를 보지 말라며 감시할 게 아니라, 올바르게 사용하는 방법을 알려주는 것이 필요하다. 특히 기능적으로 중요한 요소는 '구독'과 '좋아요' 버튼의 적절한 활용이다. 과거 신문 구독이 보편화되어 있던 시절을 떠올려보자. 구독 희망자가 일정 기간 계약하고 비용을 지불하면 신문보급소에서 매일 정해진 시간대에 신문을 집에 배달해주었다. 이 신문 '구독'은 신문사에서 제공하는 정보를 내가 일정 기간 습득하겠다는 개인의 의지가 반영된 행위였다. 유튜브에서도 그 개념을 도입하여 '구독'이라는 기능을 두었는데, 신문 구독과는 비교되지 않을 정도로 간단히 설정할 수 있다. 원하는 콘텐츠를 생산하는 유튜브 채널에 있는 빨간색 구독 버튼을 누르면 끝이다.

그렇게 구독을 한 채널에서 업로드되는 동영상 콘텐츠는 이용자가 크롬 브라우저에 접속할 때마다 팝업으로 출현하고, 나의 '맞춤 영상'으로 분류되어 유튜브의 메인 페이지에 자주 등장한다. 그만큼 나에게 노출되는 기회가 많아지며 그것이 나의 주요 관심사가 되는 것이다. 이때 유튜브는 이용자의 '구독' '좋아요' 행위를 통해 소비자가 원하는 채널과 동영상 등에 대한 정보를 수집하고, 그로써 빅데이터를 확보하게 된다. 따라서 구독하는 채널이 이용자에게 미치는 영향은 크다. 유튜브 구독 버튼을 쉽게 누르지 말고 신문을 구독하는 것만큼이나 신중하게 결정하라고 권장하는 건 바로 이 때문이다.

학생이 구독을 선택한 콘텐츠는 그의 관심 분야로 분류되어 유튜브를 열 때마다 지속적으로 노출될 텐데, 그 영상들이 그에게 어떤 영향을 줄지 생각해봐야 한다. 유튜브에 접속할 때 가장 처음 보이는 영상들은 직전에 본 영상의 관련 영상, 자신이 구독 중인 채널의 영상이므로, 그것들이 곧 학생의 뇌리를 장악하는 미디어 콘텐츠가 된다고 해도 과언이 아닐 것이다. 미디어와 콘텐츠의 홍수 속에서 살고 있는 우리 학생들이 선정적이거나 불건전한 자료에 노출되는 건 원천적으로 막기 어려운 일이다. 유튜브의 자극적인 미리보기 이미지들을 보며 학생은 내적 갈등을 일으킬 수밖에 있다.

그렇다고 해서 아이들을 무균실에 넣어 키우듯 할 수는 없는 노릇이다. 그런 자극에 자연스럽게 노출될 수밖에 없는 환경에서 우리가 할 수 있는 일은 바로, 유해한 콘텐츠라는 새들이 학생의 머리 위에 둥지를 틀지 않게 하는 것이다. 하늘을 나는 새들이 머리 위를 날아다니는 것을 막을 수는 없다. 하지만 머리 위에 앉아서 둥지를 트는 것만은 막을 수 있다. 구독과 좋아요를 선택하는 순간, 그 채널과 콘텐츠는 학생의 머리에 둥지를 틀게 된다. 유익한 채널과 양질의 콘텐츠에 구독과 좋아요 버튼을 누르도록 이끌어야 한다.

재생목록을 수업에 활용하자

유튜브의 동영상 콘텐츠들을 잘 정리하여 학습에 활용하고 그것으로 인해 긍정적인 선순환을 일으킬 수 있는 방법이 있다. 채널을 구독하면 해당 채널에 업로드되는 콘텐츠 중 상당수가 맞춤 영상으로 제시되기 때문에 이용자는 원치 않는 영상까지 보게 될 수도 있다. 이러한 단점을 보완하는 방법으로 '재생목록 만들기'를 들 수 있다. 구독에서 한 발 더 나아가, 유튜브를 학습에 의미 있게 활용할 수 있는 것이 이 방법이다. 보고 싶은 영상만 선별할 수 있고, 선별된 재생목록을 몽땅 링크를 통해 전송할 수도 있다. 영상을 하나씩이 아니라 묶음으로 한 번에 전달하고 재생 순서까지 설정해서 준다면 유튜브는 학습 도구로서 더 좋은 역할을 수행할 수 있다.

관건은 좋은 콘텐츠의 선별이다. 유튜브의 방대한 영상 콘텐츠 중에는 교육용으로 개발된 유익한 영상이 분명 아주 많다. 그것들 중에서 바르게 선별(Digital Curation)된 재생목록을 학생들의 구글클래스룸에 과제로 제시하고, 학생이 그 영상들을 미리 시청한 뒤 수업에 임하게 하면 된다. 학생들은 학습 내용에 대한 사전 이해를 통해 동기부여를 받고, 이로써 예습의 효과를 자아내는 '거꾸로수업', 즉 플립러닝이 가능해진다.

내가 실행했던 거꾸로수업의 상황을 제시해본다. 교사는 유튜브 동영상들 중 수업 주제에 알맞은 콘텐츠를 큐레이션해둔다. 그렇게 만든 재생목록을 수업 전에 미리 구글클래스룸에 업로드하면, 안전한 자료를 아주 간단히 학생들에게 공유해줄 수 있다. 학생은 5분 이내의 영상 3편으로 구성된 재생목록을 미리 시청한다. 다음 날 1교시가 바로 탈원전에 관한 찬반 토론 수업이다. 전날 미리 학습하고 온 동영상의 내용을 바탕으로, 학생들은 약 10분간 자신의 의견을 구글독스(Google Docs)에 작성한다. 그 논지에 따라 학생들은 찬성 측과 반대 측으로 나뉘어 자신의 의견을 자연스럽게 개진한다.

유튜브 재생목록을 학생들에게 공유하여 전문가의 설명을 잘 담은 영상들을 미리 보게 해둔 터라, 교사는 교실에서 내용 전

✓ 다음 날 있을 토론 수업에서 의견을 잘 제시하기 위해, 학생들은 이렇게 선별된 재생목록 속 영상들을 미리 보며 자신의 생각을 정리해둔다.

달자가 아닌 토론을 중재하는 퍼실리테이터(facilitator) 역할을 맡으면 된다. 이 과정에서 교사는 가르치는 자가 아니라 함께 나누고 참여하는 자가 되고, 수업의 주도권을 갖게 된 아이들은 보다 더 적극적으로 수업에 임하게 된다. 그렇게 형성된 수업의 분위기는 아이들로 하여금 더욱 깊은 배움의 영역으로 들어가는 문이 되어준다.

'유선생'의 두 얼굴

이처럼 재생목록 기능 활용 등을 통해 수업의 다양성을 확보할 수 있게 해주는 유튜브이지만, 아쉽게도 문제점은 있다. 앞서 언급한 대로 유튜브는 전 세계에서 업로드되는 방대한 양의 동영상 콘텐츠를 제공하는 플랫폼인 만큼, 학생들에게 제공하기에는 다소 불편한 영상들이 많을 수밖에 없다. 다행히 유튜브 정책상 기본적인 필터링이 작동되고, 신고 제도로 인해 자극적인 영상들도 신속히 차단된다.

하지만 유튜브는 기본적으로, 콘텐츠 크리에이터들이 영상을 제작하여 업로드하는 상업용 플랫폼으로서의 기능이 크다. 유튜브 이용자의 절대 다수가 교육용 콘텐츠 수요자로 변환되지 않는 한 피할 수 없는 길이다. 그래서 유튜브에서는 교육용 콘텐츠를 제작하는 크리에이터를 발굴하고 교육하여 건전한 교육 생태계를 형성하고자 '유선생 아카데미'를 구성하는 등의 노력을 하기도 한다. 그럼에도 불구하고 학생들의 손길은 학습 콘텐츠가 아닌 자극적인 영상 쪽으로 향하기 쉬운 게 사실이다.

좋은 교육용 콘텐츠가 넘쳐나는 곳이지만 이용자인 학생들이 자극적인 비학습 콘텐츠에 빠진다면 유튜브는 올바른 학습 도구로서 활용될 수 없다. 이런 우려로 인해, 우리 교사나 학부모는 학생들이 선정적인 유튜브 영상에 빠지지 않게 하기 위한 좀 더 쉬운 방법을 선택하려는 경향을 보인다. 실제로 나는 그런 방법에 관한 질문을 많이 받는다. 굳이 방법을 찾자면, 구글 관리자 모드에서 설정을 '엄격한 제한'으로 조정하여 콘텐츠 상당 부분을 필터링하는 방법이 있기는 하다.

하지만 그렇게 필터링을 하는 것은 곧 학생들을 일종의 감시 대상으로 여긴다는 뜻이다. 어떠한 감시 장치든 최소화하는 방

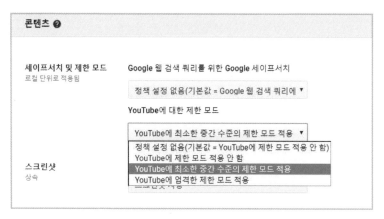

✓ '엄격한 제한 모드'로 설정하면 유해한 영상 대부분을 필터링할 수 있다. 그러나 한편으로는 다양하고 풍성한 다른 콘텐츠들까지 과도하게 차단되어 유튜브 활용 수업의 효율이 떨어지는 단점도 있다.

향으로 우리는 나아가야 한다. 성인도 발휘하기 쉽지 않은 절제력을 아이들에게 무턱대고 요구하는 것은 옳지 않다. 학생들에게 자율 속의 절제를 이끌어내는 것은 물론 어려운 일이다. 그럼에도 불구하고 교사는 '금지하는 자'가 아니라 '가능하게 하는 자'임을 잊어서는 안 되리라 본다. 학생들에 대한 지속적인 미디어 리터러시 교육과 더불어, 짧고 자극적인 영상에 의존하는 학생들을 텍스트 미디어로 이끄는 노력도 중요하다. 학생들을 디지털의 노예가 아닌, 진정 '사유하는 힘'을 지닌 학습자로 이끄는 것은 우리에게 주어진 중요한 과제이다.

❸ 내 수업의 어시스턴트

이제껏 우리의 교실 안에는 '가르치는' 교사 한 명과 그를 바라보는 수많은 학생들이 있었다. 수업에 참여하는 학생들에게 유일한 정보의 통로는 교사였고, 때로는 교사의 전문성 부족으로 인해 학생들이 잘못되거나 주관적인 정보를 얻을 때도 있었다. 수업 중 학생이 "선생님, 제가 알아본 건 선생님이 말씀하신 것과 다른데요?" 하고 반문해 오면, 교사는 논리력과 말발로 학생의 의견에 재반박했다. 그러면 학생은 석연치 않더라도 결국 자신의 의견을 포기할 수밖에 없었다.

적어도 과거에는 그랬다. 하지만 지금은 그럴 수 없다. 언제 어디서나 인터넷에 접속하여 무궁무진한 정보를 접할 수 있는 오늘의 환경 속에서는, 아무리 전문적인 교사라도 인터넷에 축적된 정보보다 전문적이지 못할 가능성이 크다. 이제는 "선생님 말이 다 맞아!"라는 억지 논리를 펼 수 없다. 만약 교실에서 무선인터넷 사용이 전면 허용된다면, 그땐 학생들이 수시로 스마트폰을 들이대며 교사의 실수를 지적할지도 모른다. 여기서 나는 교사의 전문성 부족을 따지려 함이 아니다. 가르침과 배움의 방식이 과거와는 확연히 변했음을 강조하려는 것이다.

우리의 교실에 교사 한 사람만이 아니라, 나의 보조교사, 어시스턴트가 함께하는 건 어떨까?

단돈 10만 원으로 스마트 교실 구축하기

언제부터 10만 원이 '단돈'이 되었냐고 따지면 할 말이 없다. 그러나 최근 100만 원을 호가하는 스마트 기기가 넘쳐나는 가운데, 10만 원으로 스마트한 교실 환경을 갖출 수 있다면 나름대로 '선방'하는 셈일 것이다. 초·중·고등학교 교실 대부분에는 TV가 설치되어 있다. 이 TV들은 보통 데스크톱이나 노트북에 연결하여 쓴다. 여기에 작은 기기 두 개만 연결하면 내 수업의 든든한 보조교사가 탄생한다.

요즘 인공지능(AI) 스피커가 대세다. 국내외 IT 관련 기업들이 자사의 데이터베이스와 정보통신망을 이용하여 다양한 기능의 인공지능 스피커를 선보이고 있다. 그중 구글이 선보인 구글홈

(Google home)은 막강한 검색엔진 성능과 유튜브, 넷플릭스 등 음악 및 동영상 플랫폼을 무기로 내세운 기기라고 할 수 있다. 이 기기의 다양한 기능을 활용하면 훨씬 스마트한 학습 환경을 조성할 수 있는데, 그중 가장 핵심적인 것은 바로 유튜브 기능 활용이다. 음성 명령으로 구글홈이 알려주는 정보를 듣고, 유튜브에서 소리를 재생하는 것만으로도 수업에 큰 도움을 받을 수 있다. 스피커 출력이 작은 '구글홈 미니'도 있는데, 보통의 교실에서는 이 기기만으로도 충분하다.

그런데 인공지능 스피커만으로는 '시청각' 수업을 완성할 수 없기에, 하나의 기기가 더 필요하다. 바로 '크롬캐스트'이다.

✔ 무선인터넷 환경이 갖춰졌다면, 크롬캐스트를 연결해 일반 TV를 스마트 TV로 업그레이드할 수 있다. 구글홈과 연동하면 강력한 보조교사가 되어준다.

이 기기가 있으면 우리 교실에 있는 일반 TV를 스마트 TV로 만들 수 있다. TV 뒷면에 있는 HDMI 포트에 크롬캐스트를 연결하고 구글홈과 연동해 사용하면 완벽한 수업 보조교사가 탄생한다.

실제 수업 상황을 연출해보자. 나는 중학교 기술 교사로서 현 시대에 맞는 수업 주제를 선택하여 새롭게 디자인한 수업을 시행한다. 4차 산업혁명의 핵심 중 하나인 제조 기술의 변화, 바로 3D 프린팅 기술에 대한 수업을 1학년 학생들과 함께한다. 학생들은 난생처음 보는 3D 프린터에 열광하고, 직접 물건을 디자인해서 출력하고 싶은 마음에 들떠 있다. 학생들에게 잘 설명해주고 싶지만, 최신 기술인 만큼 교사인 나도 지식에 한계가 있기에 내 어시스턴트의 도움을 받기로 한다.

"헤이 구글! 유튜브에서 3D 프린터, 제조 기술의 혁명에 대한 영상 찾아서 틀어줘."

"네, 알겠습니다. 유튜브에서 찾아서 틀어드리겠습니다."

이처럼 입력장치를 통해 검색할 필요 없이, 간단한 음성 명령만으로도 원하는 영상을 찾아 TV 화면에 띄울 수 있다. 또한 크롬캐스트의 캐스팅 기능을 사용하면, 교사의 노트북 화면에 뜨는 유튜브의 불필요한 장면을 노출시키지 않고 원하는 방송만 교실의 TV로 송출하여 학생들에게 전할 수 있다. 인공지능 스피커와 크롬캐스트를 활용한 이론 수업을 마치고, 이제 학생들이 실제 3D 모델링을 해볼 차례이다. 각자 크롬북을 꺼내어 소프트웨어를 켜고 3D 모델링을 시작한다.

"선생님, 저 다 만들었어요. 검사해주세요!"

"아, 그러면 크롬캐스트로 미러링을 해보렴."

크롬캐스트는 캐스팅뿐 아니라 미러링 기능도 제공한다. 학생들이 사용하는 크롬북에 같은 와이파이를 설정했다면, 해당 크롬캐스트가 연결된 교실의 TV 화면으로 학생의 크롬북 화면을 송출할 수 있다. 학생들은 익숙하게 교실의 TV에 자신의 크롬북

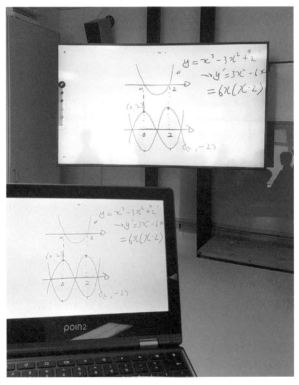

✓ 크롬북 화면을 TV에 띄우는 미러링 기능 구현 장면

화면을 미러링한다. 나는 그 학생이 완성한 모델링을 다른 학생들과 함께 살펴보고 평가한다. 미러링 기능을 통해 한 학생의 완성물을 공유함으로써 다른 학생들에 대한 지도와 교육을 동시에 실시할 수 있는 것이다.

학생들은 가르쳐주지 않아도 놀라운 검색 능력으로 인터넷 세상 구석구석에서 다양한 정보를 찾아낸다. 기성세대인 교사들은 학생들의 정보력을 따라가기 쉽지 않다. 그런데 학생들이 습득하는 정보의 방대한 양에 비해 질은 떨어지기 십상이다. 그 과정에서 교사의 중요한 역할은 학생들이 바른 판단력을 갖도록 이끄는 일이다. 미래에 교사는 인공지능과 로봇에 밀려서 그 지위를 잃을 것이라고 흔히들 얘기한다. 하지만 직업이 없어지리라는 걱정을 하기보다, 인공지능이나 로봇이 대체할 수 없는 요소를 찾아서 그것에 집중하는 것이 미래 시대에 대응하는 교사로서의 바른 자세일 것이다. 21세기를 살아가는 학생들에게 '가르침'을 주려 하기보다는, 그들 스스로 배워나갈 수 있는 장을 만들어주는 가이드이자 코치가 되는 게 새로운 교사의 길이 아닐까 싶다.

3장 온라인 수업은 '관계 형성'에도 주목해야 한다

❶ 이 학교가 코로나에 대처하는 방법

2020년 1월 20일, 우리나라에 코로나19 첫 확진자가 발생했다. 곧이어 한 종교단체의 집회로 인해 국내 확산세가 거세어졌고, 사회 전반과 학교 현장에도 큰 영향을 주었다. 코로나19의 확산 우려 속에서 교육부는 초·중·고교 개학을 3월 23일로 연기하고 장기 휴업 대비책을 내놨다. 이후에 몇 차례 정상 개학을 연기한 끝에, 결국 4월 9일에 온라인 개학이라는 대한민국 교육 역사상 유례없는 결단을 내렸다.

이미 2015년에 메르스 사태로 인해 온라인 수업을 실험했던 우리 학교는, 메르스 사태 종식 이후에도 온라인 수업의 날을 정하여 유튜브 라이브로 개학식을 해왔다. 또 모든 과목과 학급에서는 구글클래스룸으로 온라인 수업을 동일하게 실시해오던 참이었다. 그랬던 만큼, 우리 학교 입장에서 코로나19 사태는 그간의 연습을 발판 삼아 본격적으로 온라인 학교를 개학할 수 있는, 어찌 보면 위기가 기회가 되는 상황이었다.

2월 17일부터 사흘간 우리 학교에서는 100여 명의 교직원들이 모여 새 학년을 대비한 워크숍을 진행하였다. 코로나19의 위협으로 어려움을 겪는 중에 미래 교육을 위한 방향성을 잡고자 마련한 자리. 우리는 현재의 위기가 오히려 기회가 될 수 있다는 관점에서, 교육의 방향을 다르게 바라보며 나가는 시도를 모색했다. 일찌감치 구글 기반의 학습 환경을 조성하여 전교생이 크롬북을 소지하고 수업에 임해온 만큼, 코로나19로 인한 교육부의 학교 휴업 명령에 따라 그에 맞는 수업 방식으로 능동적으로 전환하기로 결정하였다. 운영진의 유연성 있는 결단과 교사들의 협력적인 분위기가 더해져, 모든 교직원은 이 결정에 깊은 관심을 가지고 도전하게 되었다.

먼저 우리 교사들이 교육의 가치, 그 이유(Why)를 알고, 미래 교육의 방식에 맞게 수업을 전환할 방법(How)을 익히자는 주제로 3일간의 세미나를 진행하였다. 그동안 학교 업무와 수업에서 이용해온 구글 플랫폼의 활용력을 한층 업그레이드하기 위한 워크숍을 진행했고, 각 학년별 디지털 리터러시 대책 및 휴업 시 사

✔ 2020년 2월 17일부터 사흘간 진행한 중앙기독중학교 교직원 워크숍 장면

용할 수업의 도구를 익히고 그에 맞춰 각자의 수업을 디자인하는 시간도 가졌다.

발 빠르게 미래 학교를 준비하고 노력한 교사와 학교는 위기에 강했다. 그런 교사들의 모임은 생각보다 많았고, 개학을 앞둔 시점에서 조심스럽게 온라인 개학에 대비하는 활동들이 있었다. 지금은 비대면, 언택트라는 말이 자연스럽게 언급되는 상황이 되었지만, 불과 몇 개월 전만 해도 학교 공간 내에서 진행되지 않는 수업이란 불가능한 것으로 생각되었고, 이렇게 온라인을 많이 사용하게 될 줄은 몰랐다.

지금은 대다수 학생이 개인 디바이스를 가지고 있고 그 안에서 학습과 지도가 일어나고 있다. 우리는 10년이 걸려도 안 될

일을 단 몇 개월 만에 경험하고 있는 것이다. 교육부에서는 수업 결손을 막고자 다양한 온라인 학습 강좌 사이트를 안내하고 있다. 한국교육학술정보원(KERIS)이 운영하는 에듀넷 e학습터에는 수업 진도에 맞춘 동영상과 평가 문항이 중학교 과정까지 제공되고, EBS도 초·중·고 전 학년의 학습 콘텐츠 수만 개를 가지고 있다며 그 활용 가능성을 강조하고 있다.

하지만 막상 학교 현장에서는 그런 콘텐츠를 통한 학습의 효과가 얼마나 유효할지 의문을 갖는다. 자기주도학습이 잘되는 학생들은 이런 디지털 콘텐츠를 활용한 수업에 적극적으로 임할 수 있지만 그 외의 많은 학생들은 컴퓨터로 게임이나 하는 상황이 되지 않을까 염려하는 것이다. 수업의 결손을 막고자 했던 온라인 학습이 오히려 잘하는 아이들은 더 잘하고 못하는 아이들은 더 못하는 격차의 심화를 만들어낼지도 모른다. 이런 문제는 실제로 일어나고 있다. 그 격차가 심해지면 사회문제화할 가능성도 있다.

그럼에도 불구하고 이 난관 속에서 다양한 에듀테크를 활용하려는 움직임이 있는데, 그 안에서 우리는 또 다른 가능성을 엿보고 있다. 재난과 같은 이 위기 상황에서 부각되고 있는 클라우드 기반의 인터넷 플랫폼을 활용한 학교 수업, 학습자의 개인 디지털 디바이스를 활용한 라이브 원격 수업 등이 그것이다. 최근 이런 움직임에 맞춰서 다양한 '웨비나'가 개최되고 있다. 웨비나란 '웹+세미나'의 합성어로, 온라인 화상회의 서비스를 이용한 세미나를 말한다. 정부 주도가 아닌, 현장에서 직접 교육에 임하는 교사나 다양한 교육자들이 일으킨 이 새로운 바람에 나 역시 동참하며 많은 것을 느끼고 배우고 있다.

　　이런 웨비나와 같은 형태가 현재 코로나로 인한 장기 휴업 상황에 적용하기 좋은 사례가 아닐까 싶다. 직접 교실에서 만날 수 없는 지금의 현실에서, 교사와 학생이 소통할 수 있는 이런 시스템을 활용한 학습의 장은 꼭 필요하다. 최근 다양한 교사 커뮤니티에서 개최되는 웨비나를 직접 진행하고 참석하고 있다. 이 과정에서 다양한 에듀테크 서비스를 활용하고 있는데, 그런 서비스들 중 상당수는 무료로 개인이 사용할 수 있는 것이다. 실제로 참여해보니 통신 품질이 좋아 정보 전달에 어려움이 없으며 PC, 태블릿, 스마트폰 등 모든 디지털 디바이스에서 적용이 가능한 것들이 대부분이다.

　　교육부에서 제공하는 온라인 학습 도구에 이런 화상 기반의 온라인 학습 도구가 있는가? 교육은 교사와 학생의 소통 속에서 이루어져야 한다. 온라인으로나마 실시간 소통할 수 있는 도구는 그래서 필요하다. 교육의 중심에는 도구가 있는 것이 아니다. 그것을 운영하는 사람이 있고, 그 주체는 교사와 학생이다. 우선 교육 주체들 간의 원활한 소통이 가능하도록 온라인 학습의 방향이 올바르게 정립되어야 한다.

❷ 관계 중심 온라인 가정방문

사람들은 디지털 기반 수업에 대해서 다양한 해석을 한다. 스타 강사가 진행하는 '인강' 정도로 생각하는 사람도 있고, 틀어놓고 시간 때우고 학점 이수하는 교원 원격 연수로 착각하기도 한다. 이것은 온라인 학습에 대한 잘못된 인식에서 나온 발상이다. 쌍방향 실시간 수업에 대해서 부정적으로 보는 교사들의 입장은 여전히 그렇다. 경험해보지 않은 채 피하고 싶어하는, 변화를 두려워하는 마음에서 비롯된 것이라고 생각한다.

온라인을 기반으로 하는 학습과 수업은 철저하게 관계 중심성으로 풀어갈 수 있는 아주 좋은 통로를 마련해준다. 학생들과 라포르를 형성하는 것 자체가 어려울 것만 같은 온라인 환경에서, 우리는 충분히 학생들과 관계성을 만들어낼 수 있다. 온라인에서도 개인적인 만남이 가능하기 때문이다.

2020년 3월 초 사흘간, 우리 학교 전 교사들은 온라인 가정방문을 실시했다. 교사가 가정방문을? 의아해하는 분들이 있을 것이다. 중앙기독학교는 1994년 개교 초기부터 새 학기가 되면 담임교사가 자기 학급 아이들의 집을 직접 방문하여 가정의 상황을 살피고 아이의 방을 둘러보거나 학습 환경에 관심을 가져 왔다. 교사들이 자발적으로 시작했던 일이다. 현재 다른 학교 선생님들 중에도 자발적으로 이런 활동을 하는 경우가 보이는데, 중앙기독학교는 일찌감치 그것을 학교의 행사로 정례화한 것이다. 이 행사

기간 동안 학생들은 재택 수업을 하며 등교를 하지 않고, 교사들은 각 가정을 약 10~30분간 방문하여 짧지만 의미 있는 만남을 갖는다.

올해도 어김없이 그런 가정방문 행사를 해야 하는데, 코로나19로 인해서 그럴 수 없는 상황이 되자 온라인으로 방문하기로 했다. 구글 기반의 학습 환경을 일찌감치 갖추고 있던 터라 우리는 학생들과 구글미트를 활용하여 만났다. 각 학생을 30분 간격으로 만났는데, 학생에게 접속 링크를 보내주면 학생은 그 링크로 접속하여 자신의 방을 보여주었다. 교사는 학부모와 인사하고 코로나19 사태하 학사 운영에 대한 학교의 전달 사항을 전하기도 했다. 아이들은 스마트폰을 들고 자신의 방에 들어가서 자기 책상과 물건 등을 소개해주는 등 담임선생님과 깊이 소통하는 모습을 보여주었다.

어차피 온라인 수업이 실시되면 아이들은 매일 아침 구글미트로 아침 조회를 하게 될 것이고 수업도 그런 화상 서비스로 이루어질 터였다. 그러므로 학생들도 미리 연습하고, 그 환경을 학부모들도 경험함으로써 온라인 수업에 대한 거부감을 없애는 차원에서도 너무 중요하고 필요한 일이었다. 우리는 업무가 더해지는 것에 대해 두려워하곤 한다. 하지만 이는 업무가 더해지는 것이 아니라 오히려 편해지는 경우다. 각 가정당 30분의 투자로 온라인 수업에 대한 학부모의 이해와 지지를 구할 수 있기 때문에, 학급 담임으로서는 오히려 도움이 되고 한 학년을 이끌어가는

✔ 온라인 가정방문을 흔쾌히 맞아주는 학생과 학부모님들

힘이 생기는 행사라고 할 수 있다.

　　이처럼 학생들이 온라인으로나마 선생님과 깊이 소통하며 관계하는 방법을 배우는 것이, 대면 접촉을 할 수 없는 상황에서는 가장 훌륭한 대안이 될 수 있다. 아울러 이 활동은 각 가정으로 하여금 학교에 대한 신뢰를 갖게 할 수 있고 혼란스러운 사태 속에서도 안심할 수 있게 해준다. 이렇게 관계를 형성한 이후에 진행되는 온라인 학습은 학교에 대한 신뢰를 바탕으로 하기 때문에 훨씬 수월하며 학부모의 적극적인 지원을 기대할 수 있다.

❸ 관계 중심 온라인 학급 운영

지금 우리의 온라인 학습이 성공하기 어려운 이유는 바로 '나의 선생님'이 존재하지 않는 수업을 하기 때문이다. 앞서 말한 것과 같이 교육부와 EBS에서는 교육용 플랫폼을 구축하고 수업 결손을 막기 위한 다양한 온라인 학습 강좌를 준비하여 수업과 평가까지 완벽하게 할 수 있다고 자랑한다. 그러나 현실은 스타 강사나 처음 보는 선생님의 수업을 듣는 상황이 되고 있다. 이런 방식의 수업으로는 학생들에게 바른 가치를 전달할 수도 없고, 수행평가나 지필고사를 치르는 것 자체도 어렵다.

일반적인 온라인 수업은 관계성을 형성하지 못하는 한계를 지닌다. 현재의 온라인 수업은 교실에 학생들을 앉혀놓고 설명하던 방식을 그대로 유지하는 경우가 대부분이다. 그것은 교수자 중심의 전통적인 방식의 수업과 다를 바 없다. 물론 이런 지식 전달 방식의 강의형 수업 형태가 나쁘다는 것은 아니다. 수백 년간 유지해온 강의식 수업의 장점은 물론 존재한다. 하지만 대면이 불가능하여 모두가 원격으로 화면을 보고 수업을 해야 하는 상황이라면 수업과 강의의 방식이 달라질 필요가 있지 않을까?

우선적으로 교수자 중심의 수업 방식에서 학습자 중심의 수업으로의 전환이 필요하다. 기존 방식의 수업으로는 온라인 수업의 취지를 제대로 살리기 어렵다. 학습자인 아이들에게는 모두 개인 디바이스가 있다. 대부분은 키보드가 있는 형태의 PC이다.

마이크도 웹캠도 달려 있다. 그렇다면 얼마든지 작업형의 수업을
진행할 수 있다. 또한 그들은 실시간 검색을 통해 정보를 취득할
수도 있다.

관계 중심 학급 운영 따라가기

행아웃미트로 하는 생일 파티, '행생파'

학급 아이의 생일이다. 생일은 아이들에게 아주 중요한 날인데 그런 날 친구들을 만날 수
없다는 것은 너무 속상한 일이다. 비록 만날 수는 없지만 온라인상에서 생일을 최대한
축하해주기로 한다. 담임이 케이크를 준비한다. 그 케이크에 불을 붙이고 아침 조회
때 행아웃미트로 모두 접속한다. 화상으로 축하하고, 공동 그림판인 잼보드(Google
Jamboard)를 이용하여 생일 축하 메시지를 보낸다.

✔ 온라인 화상 미팅으로 즐기는 생일 파티

행아웃미트로 하는 행복한 독서클럽, '행복'

아침 조회 때마다 학생들과 함께 책을 읽는다. 책 하나를 정하여 한 사람당 약 5~10분간 돌아가면서 마이크를 켜고 책을 낭독한다. 책을 읽고 난 다음 한 명씩 소감을 말한다. 책은 한 권의 단편도 좋지만, 하루 한 편씩 읽을 만한 좋은 글이 담긴 에세이나 칼럼이 더 좋겠다.

줌으로 하는 학급활동 게임, '줌마피아'

아이들이 좋아하는 오프라인 게임 중에 추억의 게임들이 많다. 교실 바닥에 둘러앉아서 하던 학급활동 게임 중 단연 1위인 마피아 게임. 그것을 온라인에서 할 수 있을까? 가능하다. 신나게 추리하며 이야기하다 보면 어색하고 침묵이 흐르던 화상수업도 활력이 넘칠 수 있다는 것을 스스로 경험하게 된다. 줌에서는 개인별 채팅도 가능하기 때문에 마피아와 경찰, 의사 등을 지정하기에 편리하다.

줌으로 하는 야간 자율학습, '줌야자'

요즘 아이들은 유튜브에 자신의 공부하는 모습을 올린다고 한다. 자신이 공부하는 장면이 전 세계에 송출되고 누구나 볼 수 있도록 되어 있는 이 상황이 자신에게 오히려 자극이 되어 학습 효과가 있다고 한다. 이런 아이들의 심리를 이용하여, 화상 프로그램을 통해 학생들이 자신이 공부하는 모습을 생중계하게 해보자. 모두 다 같은 회의 창에서 정해진 시간 동안 학습하고 마치는 것을 명확하게 지도하면서 진행한다면 학생들이 스스로 학습할 수 있는 시간을 매우 많이 확보하게 된다.

✔ 화상 미팅으로 공유하는 야자 시간

행아웃 라면 파티

온라인 수업으로 주중에 거의 집에서 머물긴 하지만, 그래도 주말은 기다려지기 마련이다. 그래서 금요일 마지막 종례 시간에는 일탈의 시간을 준다. 모두가 컵라면 하나씩 준비해서 온라인 종례에 참석한다. 라면을 먹으면서 진행하는 라면 파티 종례다. 오프라인으로 종종 해온 학급 라면 파티, 비빔밥데이, 팥빙수 만들어 먹기 등의 유쾌한 학급활동을 온라인에서 시도해보는 것. 컵라면을 더욱 맛있게 즐기는 비법 등, 유쾌하고 재미있는 대화가 오간다.

✔ 라면 파티 주인공이 된 교사

* 구글의 화상회의 프로그램의 명칭은 2020년 4월 초 기존의 행아웃미트(Hangout Meet)에서 구글미트(Google Meet)로 변경되었다. 하지만 기존의 사용자에게는 '행아웃'이라는 명칭이 익숙하고, 그것을 따서 이런저런 이름 짓기도 좋아 이전의 명칭으로도 계속 불리고 있다.

수업의 가장 상위 성취점인 '창조해내는 영역'까지 수업을 진행하기 위해서는 이런 환경을 적극 활용하는 것이 필요하다. 학생들에게 간단한 공지 사항과 학습목표를 제시하고 기본 정보만 전달한 뒤 학생이 직접 수행해나가는 과정으로 수업을 진행해야 한다. 그렇게 했을 때 진정한 과정 중심 평가가 될 수 있고, 이것이 온라인 상황을 더욱 잘 활용할 수 있는 방법이 될 것이다.

온라인에서도 우리는 학습자와의 관계성을 더욱 중점에 둔 학급 운영을 할 수 있다. 상당수 교사들은 온라인 수업에서도 수업 자체에만 집중하고 교과 내용 전달에만 집중하고 있다. 하지만 온라인 상황이기 때문에 오히려 우리가 놓칠 수 있는 부분을 더욱 꼼꼼히 확인하며 진행할 수 있음을 주목해야 한다. 비교과적인 영역의 온라인 활동이 바로 그것이다. 매일 하는 조회와 종례, 자치활동, 봉사, 동아리, 진로활동, 자유학기제, 자치활동, 방과후활동 등이 이에 해당한다.

최근 온라인 수업 상황 속에서 초상권 문제니, 해킹이니, 외부인이 들어와서 음란물을 유포한다느니 하는 이야기들이 교직 사회에서 많이 오간다. 물론 가능성 있는 일들이지만, 지나친 기우가 아닐까 싶다. 교사로서 학생들과의 관계 중심성을 먼저 생각한다면, 그리고 위에 소개한 것과 같은 관계 중심적인 활동으로 접근한다면, 교과 수업이 아닌 비교과적인 영역에서 학생들과의 개인적인 만남, 또는 그룹, 학급 등의 만남을 지속하고 유지한다면 아이들도 좀 더 조심하려는 노력을 기울여주리란 건 과도한 기대일까.

이따금 구더기 무서워서 장 못 담그는 것과 같은 일들이 우리 주변에서 많이 벌어진다. 막상 해보면 그런 장애 상황보다는 오히려 선순환적이고 긍정적인 효과가 많다는 점을 다시 한번 강조하고 싶다. 온라인 수업의 불가피한 비대면 상황을 받아들이고, 그 상황에서도 관계 중심성을 형성해나갈 수 있는 길을 찾아 노력해야 한다. 그것은 교과적인 영역보다 비교과적인 영역에서 접근하는 게 보다 효과적일 것이다. 그리고 학생들에게는 디바이스를 이용한 검색과 작업이 가능한 과제와 수업을 부여하여 창조적인 영역의 성취도를 끌어낼 수 있도록 수업 디자인을 혁신할 필요도 있다.

4장

코로나 이후
우리의 교실은?

❶ 포스트 코로나 1: 학교의 체질 변화

우리가 살아갈 미래에는 다양한 재난과 질병, 그리고 돌발적 사회현상으로 인해 학교가 문을 닫아야 하는 여러 상황이 생길 것으로 예측된다. 이미 코로나19 사태가 우리에게 무척이나 큰 충격을 가져다주었고, 그 과정 속에서 우리는 처음 맞이한 본격 온라인 수업에 겨우겨우 발맞춰왔다. 많은 사람들이 이렇게 이야기한다. 10년 걸릴 일을 단 몇 개월 만에 해냈다. 아무도 가보지 않은 길을 갔다. 위기가 곧 기회이다. 이제는 이런 영웅담 같은 자찬의 말들을 줄이고, 앞으로의 대책과 나갈 방향을 고민해볼 시점이나.

세상의 변화 속도는 정말 빨라지고 있어서 10년 걸릴 일이 1년 만에 되고 몇 개월 걸릴 일이 몇 주 만에 이루어진다. 이 상황은 체질의 변화로 극복해야 한다. 특히 학교의 체질이 하루빨리 바뀌어야 한다. 4차 산업혁명의 시대를 맞이해서도 특히 변하지 않는 분야를 꼽는다면, 나는 단연 교육과 농업 분야를 들고 싶다. 그중 교육 분야에는 정말 철옹성과 같이 변하지 않는 구조가 있는데, 그것은 바로 철저한 톱다운(Top down) 방식의 의사결정이다. 최고결정권자의 결정만 기다리는 구조가 아직 변하지 않고 있는 것이다.

교사들은 학교장의 명령만 기다리고 있고, 학교는 교육부의 지침만을 기다리고 있다. 일개 교사가 지침 없이 움직였다가는 자칫 공무원법에 위배될 수도 있고, 학교장의 지시 사항을 듣지 않는 '내 멋대로 교사'로 찍힐 수도 있다. 그러다 보니 학교 수업과 학급 운영은 천편일률적이며, 학교는 변화에 가장 늦게 반응하는 조직이 되고, 현장의 교사들도 변화하려 들지 않은 체질로 고착화된다.

교직관에는 다양한 가치관이 존재하지만, 지금은 무엇보다도 기업가 정신(entrepreneurship)이 필요한 시점이다. 교사는 경영자처럼 책임감을 가지고 치밀하게 수업에 임해야 한다. 교과서와 교육부의 지침에만 끌려다니지 말고 선도적으로 수행해야 한다. '애자일(agile)'이라는 말이 있다. 보통 스타트업 회사에서 빠른 주기로 프로젝트를 수행하고 집중해서 전략적으로 진행하는 업무

스타일을 지칭하는 용어이다. 우리의 학교 환경에 어울리지 않는다고 생각할지 모르지만, 이 애자일한 전략이 우리 교실에서도 필요한 부분이 있다. 학생들에게 학습의 전달을 애자일하게 하자는 것이 아니라, 교수학습의 형태를 받아들이는 교사의 자세를 그리하자는 것이다.

　　돌다리도 두드려보고 건너라는 말이 있지만, 우리는 사실상 돌다리만 두드리다가 건너보지도 못하는 상황을 지속해왔다. 교육부의 지침은 언제나 여론을 반영해야 하기 마련이어서, 돌다리 두드리고 건너는 심정으로 차분하게 검토하고 지루한 논의의 과정을 거친 후에야 하달되는 경우가 대부분이다. 물론 교육 당국 입장에서는 그렇게 심사숙고하는 것이 맞다. 하지만 개별 학교 단위에서는 그 지침을 기다리고 있다가는 학생들이 학습권을 보장받지 못하고, 교사들은 그런 일에 꼭두각시가 되어서 이리 휩쓸리고 저리 휩쓸리는 상황이 발생할 것이다. 어떤 분야든 톱다운 방식의 진행은 해당 업무가 실제 이루어지는 일선 현장의 사정을 모른 채 사안이 결정되기 때문에 거기서 생기는 간극을 메우기가 쉽지 않은 게 사실이다.

　　이러한 상황에 답답함을 느낀 교사들의 움직임이 근래 많이 일어나고 있다. 미래형 수업의 모형을 제작하기 위해 구글클래스룸과 같은 온라인 기반의 플랫폼을 활용하는 연구를 하고 있는 것이다. 대표적인 예로, 구글 공인 교육자(Google Certified Educator), 그리고 그런 교육자들을 트레이닝하면서 확산시키는 교사인 구글 공인 트레이너(Google Certified Trainer)들이 함께 연구하는 모임을 들 수 있다. 구글 교육자 모임, 즉 GEG(Google Educator Group)라고 불리는 그룹으로, 유튜브나 다양한 소프트웨어를 활용하여 온라인으로 수업을 진행하고 정기적으로 온·오프라인 행사를 기획하고 있다. 대부분 현직 교사나 교수들로 구성되어 있으며 이들이 시도하는 교육 도구와 수업의 방식은 우리나라의 학교가 온라인 기반의 학습 환경을 만들어가는 데에 가장 적합한 대안으로 제시되고 있다.

이러한 GEG는 교사들의 자발적인 조직과 협력에 의해 운영되고 있다. 현재 한국에는 GEG South Korea라는, 한국을 대표하는 구글 교육자 그룹이 있으며, 모체였던 곳에서 함께 활동하던 펠로(Fellow)들이 각 지역 GEG 활동을 하고 있다. 경남, 부산, 경북, 대구, 충남, 전남, 광주, 전북, 수원, 포천, 인천, 남양주, 의정부, 경기, 서울 등 15개 지역 GEG가 개설되어 있는데, 각 지역의 GEG는 연합하여 교육 공동체를 이루고 있으며 그 활동을 통해서 다양한 교육의 대안을 제시하고 있다. GEG에서 제시하는 학교 수업의 대안은 이미 우리 학교 교실에 들어와 실제로 이뤄지고 있는 것이 많다. 앞서 설명한 구글클래스룸을 이용한 온라인 수업, 크롬북 등의 개인 디바이스를 활용한 수업 등이 그것이다.

이러한 아래로부터의 혁신은 GEG뿐 아니라 다양한 교사 공동체와 교육 운동 단체를 통해서 이뤄지고 있다. 교육부는 이러한 각 단체의 움직임을 통제하려 하지 말고, 오히려 그들이 맘껏 움직이고 혁신을 꾀할 수 있도록 지원해야 할 것이다. 이런 각종 교사 단체의 움직임은, 궁극적으로는 우리가 근무하고 가르치고 있는 학교의 변화를 목표로 설정하고 있다. 학교의 체질도 바뀌어야 한다. 이런 준비된 교사들이 많이 있고 이런 단체들이 활동하고 있는데도 불구하고, 학교라는 그릇이 그것을 받아들이지 못한다면 결국 유능한 목수가 연장 탓을 할 수밖에 없는 상황이 빈발할 것이다.

4차 산업혁명의 시대에 걸맞은 인재를 양성하라는 요구에 부응하려면, 그리고 디지털네이티브인 학생들에게 맞춤한 교육을 제공하려면, 현재의 수업과 교실의 상황을 과감하게 부수고 나와서 혁신을 이뤄가는 모습이 필요하다.

미래 학교를 꿈꾸기 위해 갖춰야 할 것들

1. 학교 전체에서 가능한 와이파이 환경

미래 학교를 이루기 위해서 가장 먼저 무엇을 갖춰야 하는가 하는 질문에 나는 한결같이 무선인터넷을 강조한다. 열 일 제쳐두고 먼저 해야 할 것은 바로 무선인터넷 환경 구축이다. "우리 학교에도 무선인터넷이 깔려 있습니다"라고 말하는 경우를 많이 봤다. 그런데 그런 학교들의 대부분은 모두 특별실에만 구축되어 있거나, 교육청 망에 의해서 여러 가지 상용 서비스가 제한된 말도 안 되는 인터넷 환경이거나, 학생이 모두 인터넷에 접속했을 때 느려지는 상황이 발생하는 경우가 많다.

학교에서 무선인터넷이 된다는 것은 5G 서비스가 되는 최고 속도의 환경이어야 함을 뜻한다. 와이파이 주소도 바꿀 필요 없이 한번 접속해두면 교내 전체에서, 심지어 운동장에서도 무선인터넷이 빵빵하게 터지는 환경이 되어야만 한다. 이것은 선택이 아닌 필수이며, 이제는 고민할 필요 없이 무조건 갖추어야 할 일이다. 아직까지 보안이라는 명목으로 무선인터넷에 제한을 두고 있거나 인입선이 광케이블도 아닌 구리선으로 되어 있는 학교가 있다면 당장 설비 공사를 해서라도 혁신을 해야만 한다.

2. BYOD 실현

학생들은 교과서와 노트를 가지고 학교에 왔었다. 하지만 코로나19 사태 이후 학생들은 학교에 가지 않고 주로 집에서 개인 디바이스를 활용해 수업에 임한다. 특히 과제를 수행하거나 안정적으로 수업에 임하기 위해 키보드와 입력장치가 다양하게 호환될 수 있는 윈도 계열의 노트북을 주로 사용한다. 향후 코로나19 사태가 진정되어 오프라인 수업이 정상화된다면 학생들은 개인 디바이스를 학교에 가져와서 수업에 활용할 수 있지 않을까? 교육부에서는 예산을 투입하여 이를 가능하도록 해야 한다. BYOD는 바로 이런 것이다. 모든 학생들이 자기 디바이스를 소유하고 있고 그것을 학교 수업에서 사용하는 것. 단순히 디지털 기기를 소유했다고 해서 미래형 수업이 되는 것은 아니지만, BYOD는 그것을 실현하기 위한 기본적인 선결 조건이라 할 수 있다.

3. 클라우드 기반의 쌍방향 LMS 구축

두 세기 가까이 교실을 지켜왔던 칠판이라는 수업 플랫폼은 분명 옛것이 되었다. 이제 교실은 온라인 학습방으로 옮겨 왔다. 교과서도 온라인 학습방으로 옮겨 왔으며, 학생들도 과제물을 온라인 학습방에 제출하고 있다. 그렇다면 이제 중요한 것은 그 온라인 학습방을 이루고 있는 플랫폼 서비스의 '퍼포먼스'다. 단순하게 수업만을 위한 도구를 넘어서, 학습 전반을 관리하고 운영할 수 있는 LMS를 갖추는 것이 필요하다.

교육부가 K-에듀를 천명하고 나선 만큼, 그에 맞춰 한국형 LMS를 바르게 구축하여 안정적인 온라인 수업의 기틀을 마련하는 것이 필요하다. 코로나 사태 때문에 급하게 만들어진 위두랑, e학습터, EBS 온라인 클래스 등의 공공 플랫폼은 그 한계가 여실히 드러났다. 전혀 준비하지 않은 상황에서 긴급하게 일을 진행했으니 당연한 결과이다. 그에 비해 국내 민간 플랫폼인 네이버, 다음카카오, 클래스팅 등은 규모는 작지만 성공할 수 있는 가능성을 엿보였다. 해외 민간 플랫폼인 구글과 마이크로소프트는 수십 년 전부터 구축해온 클라우드 기반의 온라인 학습 플랫폼으로서 가장 안정적인 서비스를 제공한 것으로 보인다. 이러한 민간 플랫폼의 안정적이고 탁월한 학습 서비스를 참고하여, 우리 교육부에서 발주한 플랫폼도 더욱 많은 투자와 개발을 통해 발전을 보여줘야 한다.

OECD에서 2018년 조사한 결과에 따르면, 학교 내 디지털 기기를 활용한 자율적 문제해결 지수에서 우리나라가 꼴찌를 차지했다고 한다. IT 강국의 허상이 여실히 드러난 사건이 아닐 수 없다. 우리는 더이상 IT 강국이 아니다. 그동안 교사들은 끊임없이 학교 내 디지털 환경에 대해 문제 제기를 해왔다. 그러나 몇 개의 시범학교를 제외하고는 별다른 지원이 이뤄지지 않았다. IT 강국이라 하면서도 교육 쪽에 대해서는 딱히 투자를 하지 않고 있는 것이다. 교육부는 2012년부터 디지털교과서 개발, 콘텐츠 확산, 유무선인터넷 환경 구축 등, 스마트 교육에 대한 의지를 천명해왔다. 그러려다 보니까 해마다 최소한 3000억 원은 투자가 되어야 한다고 했다.

하지만 정부는 개별 학교 내 IT 환경 구축에 대해서는 전무할 정도로 투자를 하지 않고 있다. 현재도 국가 교육 예산의 70퍼센트 이상이 교사들의 인건비로 지출되고 있으며, IT 교육과 관련된 예산은 여전히 제대로 배정되지 않고 있다. 무엇보다도 이러한 영역에 예산을 투자하고 환경을 갖추는 것이 최우선시되어야 한다. 코로나19 사태를 겪으며 디지털 수업에 대한 교사들의 역량은 상당히 커졌다. 이제는 유능한 목수는 연장 탓을 안 한다는 말을 바꿔야 할 것 같다. 유능한 교사들은 지금 연장 탓을 해야만 하는 상황이다.

❷ 포스트 코로나 2: 교과의 경계를 허무는 융합 교육

갑작스레 온라인 수업이 학교 교육의 중심이 된 세상. 그런데 코로나19 사태하에서 진행된 일선 학교들의 온라인 수업을 가만히 들여다보면 참 이상한 모순을 발견할 수 있다. 수업의 장소가 칠판과 교과서를 구비한 교실에서 온라인 학습방으로 옮겨 왔을 뿐, 수업의 본질적인 방식은 전혀 변하지 않은 것이다. 칠판에 판서하던 수업 방식을 그대로 화면상에 옮겼을 뿐, 수업의 도구는 여전히 교과서인 상태. 우리나라의 국민공통 교과인 국·영·수·사·과·음·미·체·기·가·도……, 이 편협한 교과의 틀에서 전혀 벗어나지 않았고 그 수업의 방식 또한 전혀 변하지 않았다. 심지어는 실시간 쌍방향 수업 도구를 연결해두고선 사전에 촬영해 둔 영상을 그대로 틀어주는 등, 성취도가 떨어질 수밖에 없는 수업 모델을 운영하는 학교들이 태반이다.

수업의 도구만 바뀌어서는 혁신이라고 할 수 없다. 그것은 진정한 온라인 수업이 아니다. 교사와 학교 모두가 수백 년간 고착화된 수업의 디자인을 완전히 뒤집어야만 한다. 코로나19가 물러간 뒤에도 온라인 학습을 놓지 않아야 한다는 여론이 많다. 코로나19 사태처럼 사람 간의 직접 대면을 피해야만 하는 대위기 상황은 또 도래할 것이고, 그러므로 온라인 기반의 원격 수업이 더욱 자유로운 형태를 띠는 시대를 우리는 어서 만들어야 한다. 물론 온라인 수업으로 인해 교육 양극화가 심해지고 학습 격차가 더욱 벌어질 것이라는 우려의 목소리가 여전히 크다. 하지만 그것은 노력하여 줄여나가고 보완해야 하는 부작용이다. 구더기 무서워서 장 못 담그는 일이 있어서는 안 된다.

그렇다면 포스트 코로나 시대를 대비하여, 학교 수업은 어떤 방향으로 개선되어야 할까? 먼저 기존 교과의 틀에서 완전히 벗어나야 한다. 학교 수업은 철저하게 주제 중심, 프로젝트 중심으로 이루어져야 한다. 교과 간의 경계를 허물어야 하며 학생들에게 역량 중심 교육을 제공해야만 한다. 가능한 범위에서 융합형 수업으로 변형되어야 한다. 온라인 수업이 본격화하면서 이미 물리적인 교실의 범위가 무너졌고, 모든 학생들은 이제 개인 디바이스를 하나씩 가지고 수업에 임하는 상황이다. 그 디바이스 대부분은 키보드 같은 입력장치가 달린 형태로, 입력장치가 있다는 것은 생산성 있는 활동이 가능함을 의미한다. 그저 콘텐츠를 감상하기만 하는 형태의 소비형 수업이 이뤄져야 할 이유가 없다는 것이다. 그런 수업은 아이들의 손발을 묶는 일이며 그 안에서 미래 시대의 학습은 이뤄질 수 없다.

이처럼 생산성 있는 도구를 가지고, 학생들은 인터넷이라는 광대한 정보의 바다 속에서 유의미하고 통합적인 정보를 검색하여 수행의 자료로 가공하는 것이 가능해졌다. 인터넷 세계의 자료들에는 교과라는 경계가 없다. 이미 범교과적이고 융합적인 자료들이다. 그런데 우리는 그렇게 이미 융합되어 있는 정보를 굳이 교과별로 쪼개고 분배하여 학생들에게 수행을 시키곤 한다. 융합이라는 주제를 다룬 에드워드 윌슨의 베스트셀러 《통섭》에는 이런 언급이 있다. "진리의 행보는 우리가 애써 만들어놓은 학문의 경계를 존중해주지 않는다." 세상 모든 학문과 주제에는 경계가 존재하지 않는다. 그런데 학교 교육이 지식들을 과목이라는 테두리 안에 가두었던 셈이다.

때마침 우리에게 찾아온 코로나19발 온라인 학습은 그 경계들이 무너지는 것을 가능하게 했다. 기존의 질서가 무너지겠지만, 그것은 결국 올바른 방향으로의 혁신이 될 것이다. 그러기 위해서는 가능한 한 교과서의 편협한 정보에 매이지 않은 채, 교사 스스로 교육과정을 재구성하고 교과의 경계를 허물며 창의적인 도전을 하는 노력이 필요하다.

우리가 교과서를 벗어난 융합 수업을 시도해야 하는 이유는 또 있다. 세상이 급변하는 속도와 정도는 우리가 상상하는 것 이상이다. 등장한 지 몇 개월 되지 않은 신기술이 곧 구식이 되기 십상이다. 모든 정보는 책으로 만들어진 순간 이미 구식이 되어 쓸모없는 지식이 될 때가 많다. 그래서 오늘 우리는 책보다는 미디어나 인터넷을 통해 접하는 바로 지금의 정보가 더욱 신뢰성이 있으며 가공하기에 유리하다고 느낀다. 물론 기초학문이나 인문학처럼 '트렌디'하지 않은 영역은 예외다. 학생을 가르치는 입장인 나로서는 교과서를 보면 이미 지나간 기술이나 지금은 통하지 않는 자료들이 많이 담겨 있음을 느낀다. 그것을 새롭게 재구성하는 일은 이제 필수다. 그래서 더욱 다른 교과의 주제와 정보에 관심을 갖게 되었고, 그것은 모두 인터넷상의 최신 정보와 밀접한 관계가 있다.

이런 과정에서 학습 자료를 찾기 위해 인터넷을 검색하다 보면, 역시 과목의 경계가 모호해지며 다양한 영역의 정보들이 융합적으로 정리되는 것을 느낀다. 각각 목소리를 내던 다양한 영역의 정보들을 재정립하는 과정에서 진정한 학습이 일어남을 느낀다. 교사인 나는, 내가 느낀 이런 점을 학생들 또한 느끼도록 이끄는 것을 중요하게 여긴다. 이렇게 인터넷 정보를 이용한 융합 교육을 이야기하다 보면, 아이들이 미디어에 너무 많이 노출되어 부작용을 낳지 않겠냐며 걱정부터 하는 선생님이나 학부모들이 많다. 하지만 이런 융합 수업의 결과물은 문서나 영상, 슬라이드와 같은 창조물의 형태로 결과 맺는 게 대부분이다. 이 과정에서 학생은 자신의 주장에 부합하는 자료를 찾고 그것들을 잘 직조하여 논리성을 갖는 결과물을 만들어내고자 노력하게 된다. 여기서 필수적인 요소는 바로 문해력이다.

예를 들어 '미래 시대 예측하기'라는 주제의 글쓰기 수행평가를 떠올려보자. 그 글에 담겨야 하는 내용들을 검색해 취합하고, 그것의 공정성 여부를 판단하고 재가공하여 소견이 곁들여진 논리적인 글을 썼을 경우, 이것은 '미디어 활용 교육' 이전에 '글쓰기 훈련'일 것이다. 이런 일련의 수행 과정을 겪다 보면 학생들은 그 정보에 대한 지식과 더불어 정보를 가공하고 재구성해내는 힘, 그리고 문해력까지 기르는 효과를 얻게 된다. 아이들이 공부를 한다며 노트북이나 태블릿, 스마트폰과 같은 디지털 디바이스를 만질 때, 이제 더 이상 그 모습을 부정적인 시선으로만 바라봐선 안 된다. 미래 시대의 새로운 표준 학습 방식에 대한 전환적이고 긍정적인 시선과 인식이 필요하다.

교과의 벽을 허무는 융합 수업 따라가기

❶ 일반적으로 학교 교육은 교과의 틀을 벗어날 수 없다. 중등 교과는 더욱 그러하다. 과목별 시수가 정해져 있으며, 그것은 교사 임용과 관련이 깊다. 따라서 교사들에게는 민감한 요소이며, 교사끼리 잘 조율하는 것이 마냥 쉽지는 않다. 그럼에도 어떤 방법으로든 교과의 경계를 허물기 위한 노력이 필요하다. 학년 초에 동학년 교사들 간의 협력과 교과 재구성을 통해 각 과목별로 연합할 수 있는 주제를 선정해본다.

❷ 학생들은 정해져 있는 교과서의 내용보다는 실제 생활에서 겪는 문제를 해결하는 과정에서 좀 더 성장할 수 있다. 이를 위해 여러 교과의 다양한 요소를 접목하여 재구성하는 것은 교사가 직접 수행해야 하는 영역의 일이다. 현존하는 교과의 공고한 경계를 사실상 허물 수 없기에 취하는 소극적인 방법이지만, 이렇게 해서라도 교과 간의 벽이 허물어지고 융합 수업이 이뤄질 수 있다면 다행한 일이다.

❸ 다음은 중앙기독초등학교 4학년 담임교사들이 코로나19 온라인 수업 기간에 학생들과 실시한 교과융합 프로젝트 수업 계획표다. 주제는 '슬기로운 코로나 생활', 줄여서 '슬코생'이다. 프로젝트별 과제 수행 내용은 아래와 같다. 융합 수업의 예시로서 도움이 될 것이다.

과목과 단원	[국어/과학] 코로나19 바이러스 알아보기
자료	신문, 잡지의 기사, 인터넷 뉴스, 과학동아
주제	바이러스(코로나19) 조사하기
학습목표	코로나19와 관련하여 바이러스의 존재를 자세히 알아보고 건강을 지키기 위한 노력을 할 수 있다.
수업의도	학생들에게 영향을 미치고 있는 바이러스에 대해 자세히 알면 지나친 두려움을 극복할 수 있다. 그래서 바이러스와 건강에 대해 조사해보는 것을 의도했다.

다양한 자료를 제시하고, 제시된 자료를 읽고 듣고 간추려보기를 통해 충분한 이해가 되도록 하였다.

과목과 단원	[국어 4-1] 6단원. 회의를 해요 [사회 4-2] 3단원. 사회 변화와 문화 다양성
자료	영상, 구글프리젠테이션, 구글스프레드시트, 구글문서, 브리지맵
주제	코로나19가 우리 삶에 미치는 영향 조사하기
일반목표	코로나19가 세계, 국내, 개인의 삶에 미치는 영향을 조사하고, 현재 학생들의 삶에 미치는 영향을 조사할 수 있는 설문지를 만들어 조사한 후, 그 결과를 그래프로 나타내어 비교할 수 있다.
수업의도	본 수업은 PBL 수업의 문제 제기 단계로, 학생들이 코로나19로 인해 우리의 건강한 삶이 얼마나 무너져 있는가를 조사하여 현재 상황을 파악하는 수업이다. 자신의 상황을 돌아보는 활동에서 한 단계 나아가 설문지 문항을 함께 만들어 조사하고, 그 결과를 그래프로 그려 친구들과 나눈다. 그로써 나뿐만 아니라 다른 친구들은 어떤 상황인지를 살펴보고, 코로나19가 단지 한 사람에게만이 아니라 많은 영역에서 사람들에게 여러 가지 피해를 주고 있음을 생각해보는 수업을 계획하였다.

과목과 단원	[사회/창체] (온라인 프로젝트 수업)
자료	신조어 조사 활동, 뉴스 기사, PPT 수업 영상
주제	- 코로나19 사태로 인해 새로 생긴 현상과 신조어 알아보고, 문제점 발견하기 - 문제점 생각하며 우리가 무엇을 할지 PBL 탐구질문 만들기
일반목표	코로나19 사태로 인해 생긴 새로운 현상을 살펴보고 문제점을 발견하여, 내가 이 문제 해결을 위해 할 수 있는 방법을 생각할 수 있다.
수업의도	프로젝트 수업에서 가장 중요한 탐구질문을 만드는 시간으로, 이전 수업에서 코로나19와 그로 인한 삶의 모습 변화 정도를 직접 조사해본 경험을 바탕으로, 사회적인 변화도 알아보며 문제점을 발견해보도록 한다. 집콕 놀이, 랜선 콘서트, 방구석 노래방 등 흥미로운 신조어들도 많지만, 결국 이 이면엔 함께하지 못하는 사람들의 외로움, 직접적인 교류의 단절이 있음을 파악하며 '그렇다면 우리가 ○○으로서 ○○을 어떻게 ○○할 수 있을까?'에 대한 프로젝트 탐구질문을 세워나가도록 한다.

과목과 단원	[창체] PBL 슬기로운 코로나19 생활 [국어] 문학통합수업 〈하이디〉
자료	카메라(또는 스마트폰)
주제	진정한 건강의 의미
일반목표	〈하이디〉 속 인물들을 통해 진정한 건강의 의미를 알 수 있다.
수업의도	코로나19로 인해 가장 많이 생각하게 된 것이 '건강'일 것이다. 단순히 신체적 건강만을 생각했었는데, 코로나19로 인해 달라진 생활 모습 속에서 관계의 단절이 가져다 준 사회적, 정신적 건강 역시 우리에게 큰 영향을 미치고 있음을 알게 해주고 싶었다. 코로나라는 어려움을 겪고 있지만 이에 무기력해지지 않고, 신체적으로, 사회적으로(관계적인 면), 정신적으로(마음 들여다보기) 무너지려는 건강을 회복함으로써 진정한 건강을 지켜나갈 수 있기를 돕고자 하는 수업이다.

과목과 단원	PBL— 슬기로운 코로나 생활
자료	음악 MR
주제	코로나 응원문구, 응원송 만들기
일반목표	코로나로 인해 힘들고 지친 주변 이웃들을 위한 응원송을 만들 수 있다.
수업의도	예상하지 못했던 코로나19 확산으로 인해 일상적이고 정상적인 학교생활을 할 수 없게 된 학생과 학부모, 교사뿐 아니라, 힘들어하는 확진자들, 의료진과 간호사들을 생각하며 우리가 할 수 있는 작은 나눔과 실천을 고민하면서 '슬기로운 코로나 생활'이라는 주제로 PBL 수업을 계획하게 되었다.

과목과 단원	[도덕] 2단원. 공손하고 다정하게
자료	PPT, 영상, 플립그리드
주제	일상생활에서 이웃 간의 예절
일반목표	일상생활에서 이웃 어르신들께 공수 인사를 할 수 있다.

수업의도

현대 사회는 이웃과의 단절이 심화되어 자신의 주변에 어떤 사람들이 살고 있는지조차 모르고, 서로에게 관심이 없으며, 작은 불편에도 서로를 경계하고 공격하는 상황에 이르렀다.

단절되고 삭막한 이웃과의 관계를 회복시키는 가장 쉽고 효과적인 방법은 서로를 바라보고, 서로를 향해 인사를 나누는 것이라고 생각한다.

요즘과 같이 코로나19로 인하여 서로를 경계의 대상으로만 생각하는 때에 아이들의 예절 바른 인사가 서로의 닫힌 마음을 열고, 더 친밀한 관계로 나아가는 기회가 되길 바라며, 아이들 또한 내 주변에 관심과 사랑을 가질 수 있는 기회가 되기를 기대한다.

❸ 포스트 코로나 3: 수업을 완전히 뒤집는 블렌디드러닝

이러한 융합 교육을 돕기 위해 우리는 온라인과 오프라인이 접목된 블렌디드러닝을 주도할 필요가 있다. 블렌디드러닝은 미래 시대의 학교 교육에서 중점적으로 이루어져야 할 영역이다. 학교를 정상적으로 등교할 수 없는 상황이 앞으로도 얼마든지 발생할 수 있기 때문이다. 그것은 가까이 보면 코로나19와 같은 감염병 확산 사태를 가라앉히기 위한 교육 차원에서의 조치이기도 하고, 멀리 보면 글로벌한 국제 환경 속에서 공간적 한계를 넘어 전 세계 어디에서든 교육을 진행할 수 있는 새로운 학교의 모델이기도 하다. 이미 학교는 국경이라는 공간적 제약을 넘어서는 단계에 와 있다. 온라인 수업으로만 학사가 운영되는 대학 '미네르바 스쿨'이 대표적이다.

이 학교는 별도의 캠퍼스가 존재하지 않고 전 세계가 그들의 강의실이 되고 있다. 실제로 학생들은 4년 동안 세계의 여러 도시에서 생활한다. 그들에게는 각 도시의 기업과 문화가 바로 교실이고 수업이다. 이 대학에 입학한 학생들은 1학년 때는 미네르바 스쿨의 본부가 있는 샌프란시스코에서 생활하고, 2학년에는 한국의 서울과 인도의 하이데라바드에서 지내며 살아 있는 수업을 한다. 3학년에는 독일의 베를린과 아르헨티나의 부에노스아이레스, 4학년에는 영국의 런던, 타이완의 타이베이로 거처를 옮겨 수업을 받는다. 이들은 세계적 석학급의 교수들에게 강의를 듣고, 머무는 국가에서 다양한 프로젝트로 수업을 진행한다.

이 대학의 학생들은 수업을 듣기 위해 한곳에 모일 필요가 없다. 정해진 시간에 아무 데서나 온라인으로 접속해 강의를 듣는다. 수업의 방식도 교수의 일방적인 강의를 듣는 게 아니라 각자 미리 준비해온 주제로 토론하는 형태다. 이렇게 온라인으로 강의(엄밀히 말하면 강의가 아닌 토론)를 듣고, 오프라인에서 프로젝트를 수행하는 방식의 수업은 완벽한 블렌디드러닝으로서 효율적이고 탁월한 학업 성취도를 낳을 수 있다. 물론 그러기 위해서는 다양한 선제 조건이 필요하다. 무엇보다도, 앞서 언급한 플랫폼과 디바이스, 인터넷의 보급이 가장 중요하다. 다양한 미디어 콘텐츠를 활용한 수업과 더불어 쌍방향 회의 도구를 활용한 토론 중심의 수업은 실질적이고 본질적인 학습을 이끌어낼 수 있다.

미네르바 스쿨의 수업 모델은, 코로나19 이전이라면 쉽게 상상하거나 이해할 수 없는 학교의 모습이었을 터이다. 그러나 우리는, 갑작스럽긴 했어도 이미 온라인 수업의 상황을 겪다 보니 그 모습이 어떤 것일지 얼추 짐작할 수 있게 되었다. 코로나19로 인한 온라인 원격 수업의 상황 속에서, 우리 학생들도 모두 교실이 아닌 각자의 공간에서 수업을 받았다. 인터넷 환경과 디바이스만 갖추고 있다면 온라인 수업이 얼마든 가능함을 직접 체험한 것이다. 여기서 중요한 것은, 앞서 말한 바와 같이 '칠판에 판서하던' 교실 수업 형태를 온라인에 그대로 재현하는 형태여서는 안 된다는 점이다. 그것은 진정한 온라인 수업이 아니다.

현재 온라인 수업에서 가장 뜨거운 감자로 떠오른 것이 바로 쌍방향 수업 도구 사용에 대한 논의다. 온라인 수업 초기에 찬밥 신세였던 쌍방향 수업의 도구가 이제는 온라인 수업의 기본 도구가 되고 있다. 쌍방향 수업 도구라 하면 흔히 줌이나 구글미트를 떠올리는데, 사실 그런 것들은 원래는 비즈니스용 회의 도구였다. 토론하고 질문하고 피드백하는 수단으로 사용하는 이런 쌍방향 회의 도구를 통해, 우리는 아직도 자꾸 '강의'를 하려 든다.

온라인 수업 초기에 우리는 아이들이 온라인상에서 제멋대로 떠들며 산만하게 굴지 않을지 염려했다. 아이러니하게도, 판이 열리고 보니 오히려 학생들이 너무 말을 안 해서 난감한 상황이 종종 발생하곤 했다. 일방적으로 강의하는 교사 밑에서 수업을 듣는 데에 우리 학생들이 길들여진 결과다. 그리고 온라인 수업에 접속한 학생들에게, 교실에서처럼 무조건적으로 듣기만을 강요한

✔ 온라인으로 쌍방향 수업을 진행하는 모습

탓도 있다. 그것은 결국 학생들로 하여금 입을 닫아버리게 만들었다. 쌍방향 수업 도구는 그렇게 활용하는 것이 아니다. 원래 그 도구들이 '회의'를 위한 것이었음을 염두에 두고, 시끄럽고 산만하고 왁자지껄한 토론과 회의, 질문과 피드백이 난무하는 상황이 오더라도 그것을 인정해야만 할 것이다. 미네르바 스쿨의 온라인 수업이 교수의 강의로 진행되는 것이 아니라 미리 준비한 주제에 대한 토론과 질문으로 이어짐을 떠올리자. 그리고 우리는 온라인 수업에서 쌍방향 회의 도구를 어떻게 사용하고 있는지 다시 한번 돌아보자.

온라인 수업과 오프라인 수업이 적절하게 조화된 교실의 모습은 어떠해야 할까? 블렌디드러닝의 한 축을 차지하고 있는 플립러닝은 바로 이런 교실의 좋은 예가 될 수 있다.

온라인 수업이 종료되고 등교 수업이 재개되어 교실에 복귀한 교사들은, 온라인에서 진행한 수업을 오프라인에서 또다시 진행하는 실수를 범할지 모른다. 온라인 수업에서 충분히 설명을 하고 수업을 진행했는데 교실 수업에서도 그 내용을 다시 강의한다면, 이는 진정한 플립러닝이 아닐 것이다. 온라인 수업에서 학생들에게 동기부여를 해주고 기본적인 지식 전달을 했다면 학교 교실에 와서는 그것을 구체화할 수 있는 학습활동, 즉 수행활동과 과제활동 중심의 수업을 진행해야 한다.

진정한 블렌디드러닝이 이루어지려면, 온라인 수업이 오프라인 수업의 보조 역할에 머물러서는 안 된다. 두 형태의 수업이 완전한 연결고리를 통해 완결을 이루어야 한다. 온라인에서 동영상이나 미디어 콘텐츠를 우선 접해 충분한 지식을 습득하고, 교실에 와서는 그렇게 시청하고 학습한 내용에 대해서 즉시 질문을 던지고 피드백을 이어갈 수 있어야 한다. 그렇게 해야만 학생들은 배운 것을 바탕으로 스스로 '창조'해내는 영역까지 도달하며 학습의 최종 목표를 달성할 수 있다.

이제 학습 방법의 표준이 바뀌었다. 오랜 세월 '칠판'과 '교과서'라는 플랫폼을 이용해 지식 전달 중심으로 이뤄져온 수업은 역사의 뒤안길로 사라져가고 있다. 이제 그 자리는 온라인 학습방에서 미디어 콘텐츠를 활용해 이루어지는 온라인 수업과, 실제 교실에서 실습과 수행, 체험과 토론 중심으로 이루어지는 오프라인 수업이 접목된 블렌디드러닝이 채우게 될 것이다. 바로 그것이 포스트 코로나 시대 수업의 표준이 될 것이고, 그 표준으로 학습하는 인재가 미래형 인재가 될 것이다.

2부

디지털 앱과 웹을 활용한 보통 교사의 새로운 교실

▶ 김서영

1장 끊임없이 배우고 연구해야 하는 교사의 의무, 자기연찬

❶ 변화의 돌파구, 디지털 수업 입문기

어렸을 적 조용한 집에 홀로 남게 되면 늘 방문을 잠갔다. 닫힌 방문은 칠판이 되었고 검정색 볼펜의 하얀 몸통 부분은 분필이 되었다. 아무도 없는 방에서 나는 선생님이 되어 가상의 학생을 하나 둘씩 호명하고 수업을 진행했다. 자연스레 나의 꿈은 선생님이 되어 학생들을 가르치는 것으로 굳었다. 선생님 이외의 직업은 생각해본 적이 없었고 지금은 교사의 꿈을 이룬, 어찌 보면 성공한 듯 보이는 인생이라 생각한다.

그러나 나는 늘 지나칠 정도로 스스로를 객관적으로 판단하는 경향이 있다. 항상 나 자신을 부족한 사람이라 여겨 배워야 할 것, 배우고 싶은 것이 많았다. 중등학교 교사 임용을 위한 시험에 한 번에 합격하고 주변의 칭찬과 부러움을 샀지만 나 스스로는 이제부터가 정말 열심히 배우고 나를 더 채워야 하는 중요한 시기라고 생각했다.

그러면서 생겨난 직업병 중 하나가 바로 재미있는 수업 찾기였다. TV에서 예능 프로그램을 보다가도, 운전을 하며 라디오를 듣다가도, 수업에 적용하면 아이들이 즐겁게 영어 공부를 할 수 있으리라 생각되는 아이디어들을 찾으려고 노력했고, 좋은 생각이 나면 수업에 적용해보곤 했다. 아이들과 즐겁게 진행했던 수업으로 전국 단위 영어수업 발표대회에까지 참가하여 아주 좋은 결과를 얻기도 했지만, 나에게 만족한 순간은 없었다. 조금 더, 조금 더 발전할 필요가 있다고 늘 생각했다. 그렇게 다른 선생님들처럼 좌절과 보람을 느끼며 치열하고 바쁘게 교직 생활을 이어나갔다.

고민은 교직 경력 10년을 막 넘어서며 시작되었다. 10년이면 강산도 변한다는 말이 실감이 되었다. 늘 서 있었던 교단이고 늘 몸담았던 교실이지만 학생들을 지도하는 것도, 영어 수업에 대한 나의 만족도를 높이는 것도 여러 번의 고비가 찾아왔다. 학생들은 내 영어 수업을 좋아했고 나를 잊지 못할 선생님으로 치켜세우기도 했지만 나의 마음속에서는 아이들에 대한 미안함과 수업의 변화에 대한 욕구가 가라앉지 않았다. 내 수업에 변화가 있어야 한다는 필요성을 느끼면서도 딱히 대안이 떠오르지 않는 상황이 답답했다. 그 당시 새롭게 떠오르는 영어 수업 기법에 대해 배워보기도 하고 적용도 해보았지만 나만의 수업, 나만의 브랜드를 가지고 싶다는 생각에 그것들 역시 만족스럽지 못했다.

고민이 반복되고 해결책이 보이지 않게 되니 점점 힘들어하는 나 자신이 느껴졌다. 교직을 천직이라 생각하고 앞만 보며 달려온 내가 학교를 벗어나고 싶다는 생각을 하게 되는 지경에 이르렀다. 영어는 대한민국 학생들이 어릴 적부터 사교육을 받기로 유명한 과목이다. 한 학급 내 30명 정도의 학생들 개개의 영어 능력 수준은 그야말로 천차만별이다. 영어 수업이 너무 쉬운 아이, 영어 수업이 재미있는 아이, 영어가 어려운 아이, 영어 자체가 싫은 아이, 열심히 필기하며 끄덕이는 아이까지……. 모두의 요구를 만족시키는 수업이 현실적으로 불가능했으며 그 간극을 줄여줄 혁신적인 무언가가 절실했다.

교실을 잠시 떠나 재충전의 시간을 가지고 영어 교사로서의 재교육을 위해 공부를 더 해야겠다고 다짐을 했다. 곧 영어 교사 연수를 찾아보았다. 외국어를 가르치는 교사들은 언어의 감각과 문화에 대한 이해를 놓치지 않기 위해 주기적으로 연수를 통해 재학습하며, 달라진 환경과 달라진 아이들을 담을 수 있는 그릇을 넓히기 위해 연수를 선택하기도 한다. 다행히 내가 몸담고 있는 교육청의 외국어교육원에는 영어 교사들을 위한 다양하고 실용적인 연수가 잘 준비되어 있었다.

오프라인 연수와 전화 영어 교육, 그리고 보름간의 해외 연수로 구성된 융합형 직무연수를 신청했다. 1급 정교사 자격 연수 이후 오프라인 연수에서 장시간을 투자하여 열심히 참여해본 것이 정말 오랜만이었다. 임용시험을 준비하며 교육학에서 배운, 끊임없이 배우고 익혀야 하는 교사의 의무인 '자기연찬'을 온몸과 마음으로 다하는 것 같아 보람된 시간이었다. 가르치는 일에서 벗어나 일정 시간을 학생의 신분으로 돌아가 공부를 한다는 것이 너무 행복했고 삶이 치유되는 느낌마저 들었다.

융합형 직무연수의 한 부분인 해외 연수, 그 방문 국가는 뉴질랜드였다. 뉴질랜드 오클랜드의 명문 학교 폰손비에서 제일 처음 접한 것은 학급 조회 시간이었다. 학급 조회를 진행하는 폰손비의 담임선생님과 학생들의 모습은 신선한 충격으로 다가왔다. 아침 조회를 위해 선생님은 빔프로젝터를 켜고 의자에 앉아 노트북을 다리 위에 올려놓았다. 학생들은 선생님 앞으로 모여 바닥에 앉아 빔프로젝터가 쏘는 하얀 화면을 응시했다. 교실 안에서 선생님은 매우 작은 목소리로 말씀을 하고 아이들은 숨을 죽인 채 들릴 듯 말 듯한 선생님의 말씀에 귀를 기울였다.

그때였다. 순간 나는 내 눈을 의심했다. 담임선생님은 다리에 노트북을 올려둔 채 아무것도 건드리지 않았는데 하얀 화면에는 글자가 써지고 있었다. 오늘 점심시간에 강당에서 환영회 및 음악회가 열릴 예정이라는 내용이었다. 이게 뭐지? 머릿속이 복잡했다. 어떤 시스템으로 저절로 공지 사항이 화면에 표시되고 그공지 사항이 전체 학급 조회 시간에 각 교실로 공유될 수 있는지 통 알 수 없었다. 막연했지만 '이거 정말 좋은데!'하는 생각이 머리를 때렸다.

학생들이 하교하기를 기다렸다가 담임선생님에게 아침 조회 시간에 실시간으로 보여졌던 문서에 대해 물어보았다. 답은 '구글문서'였다. 구글문서를 통해 교사가 전달 사항을 실시간으로 공유하여 각 학급에 전달할 수 있었던 것이다. 텍스트 작업을 위한 문서에 실시간 공유 기능이 있다는 사실이 매우 신기하고 새로웠으며, 이러한 기능을 수업에 활용하면 학생들과 보다 재미있고 능률적으로 수업할 수 있겠다는 생각이 들었다. 그 담임선생님은 구글문서뿐 아니라 구글스프레드시트를 활용한 학생 성적 포트폴리오 관리 노하우를 보여주었다. 그때 선생님의 스프레드시트에 모든 학생의 성적과 피드백이 담겨 있던 모습을 아직도 잊을 수가 없다.

뉴질랜드에서 신문물을 경험하고 또 다른 고민에 빠졌다. 공부를 더 해서 확실하게 나만의 수업 방법을 찾아 학교로 돌아가고 싶었다. 가족회의 끝에 중등 영어 교사 심화연수 과정에 지원하기로 했다. 6개월간의 심화연수를 통해 수업 혁신과 영어 능력 향상 두 마리 토끼를 모두 잡고 싶었다. 제2의 교직 인생의 돌파구를 찾고 싶어 도전한 심화연수에서 운명처럼 다시 구글을 만났다. 연구사님이 특강 강사로 모신 분은 대구 지역의 모 고등학교 영어 교사 정성윤 선생님이었다.

✔ 새로운 교육의 눈을 뜨게 해준 폰손비 학교에서 아이들과 함께

    뉴질랜드에서 막연하게 호기심을 느꼈던 구글에 대해 정성윤 선생님 특강을 통해 보다 자세히 알아볼 수 있었고, 본격적으로 교육용 구글(Google for Education)을 공부하는 첫걸음이 되었다. 정성윤 선생님이 나에게 들려준 "교사는 수업으로 말해야 한다"는 귀한 조언을 늘 마음속에 새기고 있다. 자칫 도구에만 집중하고 도구를 학습하는 데만 치우기기 쉬울 때, 내가 공부하고 준비하는 모든 것은 내 수업과 아이들을 위한 것임을 다시금 상기하게 해준다.

    구글을 활용한 교육에 대해 조사하던 중 구글 공인 교육자 인증을 알게 되었고, 동시에 구글 교육자 모임, 즉 GEG South

Korea를 만나게 되었다. GEG South Korea에서 개최한 부트캠프와 에듀캠프에 참여하며 '살아 있는 전설' 같은 분, 한국 최초 구글 이노베이터 박정철 교수님을 만났다. 박 교수님의 직강은 너무도 큰 도움이 되었다. 그 외에도 한국에서 열심히 활동하는 훌륭한 교육자들과 교류하며 구글 활용 교육에 대해 마음껏 배우고 익힐 수 있었다.

학교로의 복귀를 앞둔 상태에서 당장 코앞에 닥친 나의 수업에 대한 솔루션은 디지털 수업이라는 결론을 내리게 되었다. 지역이나 환경에 상관없이 질 높은 교육 서비스를 제공하고 학생 개개인의 능력과 흥미에 맞추어 학습하게 하고 지도할 수 있는 방법은 디지털 수업뿐이라고 생각했다. 디지털 수업을 위한 다양한 도구 중에서 내가 공부하고 익힌 것은 구글이었다. 구글 도구들을 공부하며 다양한 앱과 웹을 알게 되었고 수업에 적용해봄직한 자료들을 많이 수집할 수 있었다.

수많은 구글 도구를 온전히 익혀 수업으로 엮어내기 위해 구글 공인 교육자 시험에 응시하기로 마음먹었다. 구글 공인 교육자 인증 시험 자체가 구글 도구를 활용하여 수업을 준비하고 협업하고 수업을 실행하는 일련의 실습형 과제들이었기 때문에 반드시 인증을 받겠다는 단기 목표를 세우고 몰입해서 공부할 수 있었다. 구글을 활용한 수업 도구를 학습하기 위해 구글 티처센터 (Google Teacher Center)와 지스위트(G Suite) 학습센터에 접속했다. 구글 티처센터는 구글에 대해 공부하고 구글에 관한 다양한 자료를 얻고자 하는 교사들을 위한 웹사이트이다. 교육과정부터 구글 문서와 같은 제품에 대한 내용, 인증 시험을 위한 자료뿐 아니라 다양한 프로그램과 커뮤니티까지 한곳에 엮어두었다. 영어로 되어 있기는 하지만 구글번역을 사용해서 우리말로 편하게 살펴보고 공부할 수 있다.

또 하나의 유용한 웹사이트는 지스위트 학습센터이다. 지스위트 학습센터는 구글서포트(Google Support)의 새 이름이다. 이 웹사이트는 300개 이상의 안내를 담고 있으며 신규 사용자를 위한 체크리스트, 이메일이나 구글드라이브와 같은 제품에 대한 설명을 제공한다. 학교가 교육용 지스위트(G Suite for Education)를 구축한 경우에는 관리자나 지스위트 사용에 관한 자세한 안내를 제공받을 수 있다.

❷ 난관······ 그러나 뜻이 있는 자에게 길이 있다

디지털 수업에 필요한 도구를 익히거나 수업 아이디어를 얻기 위해 GEG South Korea에서 개최하는 워크숍이나 에듀캠프에 종종 참여했다. 또한 유튜브를 통해 박정철 교수님과 저스틴(Justin) 선생님의 채널을 구독하며 필요한 기술을 습득해나갔다. 시중에 나와 있는 구글클래스룸 관련 도서를 구입하여 탐독했다. 하지만 글과 영상으로 습득한 디지털 도구의 실제 사용에는 예상치 못한 난

관들이 기다리고 있었다.

예를 들면 이렇다. 구글문서에서 매우 유용한 기능인 음성입력을 이용하여 학생들로 하여금 영어 본문을 소리내어 읽고 자동으로 입력되도록 하는 활동을 진행하였다. 실제로 내가 이 기능을 연습할 때 매우 잘되었고, 영어 등 외국어 학습자들이 언어를 학습한 후 잘 읽고 발음할 수 있는지를 점검하기에 정말 좋은 기능이라고 생각되었다. 하지만 수업 시간에 적용한 결과, 음성인식이 너무 잘되어 옆에 있는 친구, 앞에 있는 친구, 뒤에 있는 친구의 음성까지 인식이 되는 웃지 못할 상황이 발생했다. 구글문서의 음성입력 기능을 수업 시간에 활용하며 디지털 수업에서 정말 필요한 것 중의 하나가 바로 이어폰이라는 사실을 깨달았다.

수업 시간에 예상치 못한 결과를 경험하며 누구에게도 듣지 못한 실제 노하우가 쌓이기 시작했다. 디지털 수업을 구상하고 진행하며 세운 기준이 있었다. 바로 '디지털 도구를 사용하기 이전에는 할 수 없었던 수업들이 디지털 도구를 사용함으로써 가능해지는가'였다. 학생들과 교과서와 학습지로 수업하면서 시간의 효율적 사용이나 개인별 피드백, 학생 개개인의 능력에 맞는 수업에 대한 여러 가지 제약과 어려움을 겪으며 그것들을 해결할 수 있는 방법을 찾고 싶었으나 쉽지 않았다. 그러나 디지털 도구를 사용하면 제한된 시간과 교실이라는 물리적 공간을 뛰어넘어 학생 개인별 맞춤형 수업이나 개별 피드백 제공 등이 가능할 수 있다는 희망을 보았다. 그렇다면 교사로서 나는 그것을 사용하지 않을 이유가 없었다.

여러 제약을 극복할 수 있는 디지털 수업에 관한 기능을 교사가 잘 장착하고 있다고 하더라도 학교의 환경과 여건이 뒷받침되지 못하면 무용지물이다. 디지털 수업을 위한 무선인터넷 구축과 디바이스가 갖추어져 있어야 한다. 하지만 많은 학교들이 학생 수업을 위한 무선인터넷이나 디바이스를 구축하지 못하고 있는 게 현실이다. 내가 근무하는 학교도 마찬가지였다. 학생들도 선생님도 모두 훌륭하고 나름대로 지역에서 수업 환경이 좋은 학교에 속했으나 디지털 수업에 대한 필요성을 미처 인식하지 못해서 그 환경이나 인프라가 구축되지 못했던 것이다.

디지털 수업을 위해 내가 제일 먼저 한 일은 학교 컴퓨터실을 빌리는 것이었다. 학급당 주 1회 컴퓨터실에서 디지털 수업을 실행했으나 내가 생각한 디지털 수업을 온전히 구현하고 학생들의 학습을 촉진하기에는 역부족이었다. 대안으로, 기존 교실에서 학생들의 휴대전화를 이용하여 검색과 문서 작업을 실행하고자 하였으나 여기에도 두 가지 문제점이 있었다. 첫째는 학생들의 휴대전화가 모두 스마트폰은 아니라는 점이었고, 둘째는 휴대전화 사용을 위한 와이파이 문제였다.

많은 학생들이 "알이 없어요"라고 말했다. 이것에 대한 대안으로 내가 가지고 있던 공기계를 수업 시간에 학생들에게 대여해주었고, 내 핫스팟에 학생들이 연결하여 인터넷을 사용하도록 하였다. 이 방법 또한 그리 오래갈 수 없었다. 그래서 생각한 것이

에그, 즉 이동형 무선인터넷 공유기였다. 아직 학교 행정실에서는 에그 사용이나 디지털 도구 결제비로 예산을 집행한 적이 없다고 했다. 결국 목이 마른 자가 우물을 파듯, 내 사비를 들여 에그를 구입하고 월정액을 내며 수업 시간에 학생들에게 와이파이를 제공하였다. 이른바 '와이파이 셔틀'이 기꺼이 되어주며 조금씩 디지털 수업으로 다가가고 있었다.

　　수업에 사용할 좋은 도구를 100퍼센트 실현 가능하게 하기 위해 여러 가지 방법을 써봤지만, 결국 든 생각은 안정적인 인프라 구축이었다. 디지털 수업을 위해 교사 개인의 희생을 무조건 강요해서는 안 된다는 생각이 든 것도, 어렵게 디지털 수업을 끌어갔던 한 학기 동안에 내린 결론이었다. 무엇보다도 학교에서 이러한 디지털 수업에 대한 필요성을 느끼고 무선인터넷과 디바이스 등 필요한 프로그램과 기자재를 갖추어주어야 한다는 생각이 들었다. 교육부와 교육청에서 교사들에게 필요한 연수와 교육의 기회를 충분히 제공해주어야 한다는 생각 또한 절실했다.

　　디지털 수업을 진행하며 미처 예상하지 못했던 점이 또 있었다. 바로 '패밀리링크' 문제였다. 우리나라는 만 14세 미만의 아이들은 부모가 그 계정을 관리하도록 되어 있다. 중학교 2학년 학생들 중 생일이 지나지 않은 학생들까지 이에 속한다. 패밀리링크를 사용하는 학생들은 본인의 계정으로 유튜브를 시청할 수 없으며 앱을 설치하는 데에도 부모의 승인이 필요하다. 바람직한 정책이긴 하지만 실제 수업에서는 이처럼 문제가 발생하였다. 패밀리

링크 계정을 사용하는 학생들은 내가 제작하여 유튜브에 올린 학습 영상을 시청할 수 없었다.

디지털 수업에서 '디딤영상'이라 부르는 학습 영상은 매우 중요한 부분을 차지하고 있기에 패밀리링크 문제를 어떻게든 해소해야 한다는 생각이 들었다. 그래서 생각해낸 것이 학부모님들께 안내해드리고 협조를 구하는 것이었다. 올해 영어 수업은 디지털 수업으로 운영함을 알리며, 더불어 학부모 본인의 계정으로 자녀의 디지털 수업을 위한 새 계정을 만들어달라 부탁을 드렸다. 물론 지스위트를 구축하면 디지털 수업을 진행할 수 있었으나 당시에는 아직 지스위트를 구축하지 않은 상황이었고, 학생들이 등교하자마자 수업이 이루어져야 하므로 학부모들의 새 계정을 활용하기로 하였다. 다행히 학부모들께서 흔쾌히 자녀에게 본인의 새 계정을 학습 용도로 만들어주었다.

한 학기 동안 고군분투하며 학교 관리자분들께 어려운 사정을 여러 번 말씀드렸더니 교감선생님께서 디지털교과서 선도학교 지원을 추천해주셨다. 디지털교과서 선도학교를 운영하면 디지털 수업에 필요한 디바이스를 구비할 수 있고, 그 디바이스를 이용하여 디지털교과서를 사용함으로써 온전히 디지털 수업을 진행할 수 있다는 장점이 있었다. 그래서 선도학교를 신청하고 예산을 받게 되었다. 받은 예산에 학교 예산을 더하여 한 학급 수만큼의 크롬북을 구입했다. 크롬북은 충전장에 넣어 영어실에 보관하였고, 크롬북 앞면에 번호 스티커를 붙여 각 학급의 해당 번호 학생들이 사용하도록 하였다.

크롬북을 구입하기에 앞서 여러 회사의 크롬북을 충분히 검색하고 비교하였으며, 애프터서비스가 간편하고 한글 키보드를 사용할 수 있는 국내 모 기업의 제품을 구입하였다. 사실 학교에 크롬북을 도입하기 1년 전부터 나는 개인적으로 크롬북을 구입해서 사용하였으며 수업 준비나 학습용으로 정말 유용하다고 생각하였다. 아무리 좋은 것이 있더라도 손에 익어야 수업 중 돌발 상황에 대처할 수 있기 때문에, 구입하고자 하는 제품을 충분히 사용해보고 숙달해두는 게 좋다.

디지털 수업을 하기 전에는 미처 몰랐던 것이 있다. 그것은 바로 학생들의 아이디 혹은 별명이다. 이전까지 단 한 번도 학생들의 아이디나 별명을 살펴본 적이 없던 나는 정말 많이 놀랐다. 욕설이나 나쁜 말을 사용하여 아이디나 별명을 만든 학생들이 적지 않았다. 충격이었다. 곰곰이 생각해보니 디지털 세상에 무방비로 노출된 우리 아이들은 제대로 된 디지털 시민의식은 둘째 치고, 아이디나 별명을 만드는 일에 도움을 받거나 관리를 받은 적이 없었을 것이다. 그 순간 정말 아이들에게 필요한 교육은 이런게 아닌가 하는 생각이 들었다. 자신의 특성을 잘 나타내는 제2의 아이덴티티인 별명을 짓거나 아이디를 만드는 일에 교육의 손길이 필요했다.

디지털 수업을 시작함과 동시에 아이디를 멋지게 만들거나 비밀번호를 안전하고 강력하게 만드는 교육을 진행했다. 또한 디지털 시민의식 혹은 디지털 세상에서 바르고 현명하게 활동하는 방법을 가르쳤고, 어떤 행동이 위법하고 위험한지 생각해보고 발표하게 했다. 한 학생은 "선생님, 영어 시간인지 정보 시간인지 모르겠어요"라고 웃지 못할 이야기를 한 적도 있다. 그만큼 나는 학생들에게 현실적으로 도움이 될 수 있는 디지털 시민의식 교육을 많이 실시했다. 디지털 세상은 이미 우리 삶의 일부인 만큼, 무분별하게 노출된 그릇됨 속에서 자신의 정체성을 확고히 하고 똑똑하고 건강하게 살아갈 수 있도록 도와야 한다는 생각이었다.

만반의 준비를 하고 디지털 수업을 시작해도 여기저기 문제가 터져 나왔다. 학생들에게 늘 수업에 활용하는 디지털 도구와 과제에 대해 설명하고 학습목표를 제시했음에도 불구하고 한눈파는 학생이 간혹 생겼다. 아이들이다 보니 수업보다는 자신이 보고 싶은 유튜브 영상을 몰래 보거나 페이스북에 접속하여 딴짓을 하는 경우도 있었다. 지속적으로 지도함에 따라 한눈파는 학생은 줄었지만 적잖이 실망한 것도 사실이다. 하지만 해당 학생을 불러 "수업에 집중해야 한다, 호기심이나 욕구를 절제하는 것도 교육이다"라는 점을 누차 이야기했다. 잘못된 행위에 눈감거나 포기하지 않고 지속적으로 지도하는 것이 중요하다는 점을 또 한 번 깨닫는 계기가 되었다.

한눈파는 소수의 학생들 때문에 디지털 수업 자체를 포기하는 것은 옳지 않았다. 부정적 측면이 있으니 아예 금지해야 한다는 논리가 아닌, 부정적 측면에 대해 인식하고 지속적으로 지도

✔ '디지털 시민의식 고취를 위한 영상 제작 대회' 수상작 영상 일부

하여 바르고 옳게 쓰도록 해야 한다는 입장을 더욱 공고히 할 수 있었다. 학생들의 디지털 시민의식을 고취하고 실질적인 방안을 스스로 모색하게 하고자 교내 디지털 시민의식 고취를 위한 영상 제작 대회를 개최하였다. 새 학기가 시작되기 전인 2월에 미리 계획을 세우고 교무부와 협의하여 진행하면 교내 수상 실적에 입력도 가능했다. 수상작으로 뽑힌 학생들의 영상은 해당 학생들의 허락을 받은 후 자율활동 시간에 전체 학생들에게 보여주며 교육 자료로 활용하기도 했다.

디지털 수업을 진행하며 점차 도구 사용 기술이나 수업에 대한 노하우가 생겼고, 내가 겪었던 어려운 점과 해결 방안, 디지털 수업과 평가 방법 등을 다른 선생님들과 나누고 싶다는 생각이 들었다. 그래서 교사 자율연수를 진행하며 배우고 익힌 것들을 주변의 선생님들과 조금씩 나누기 시작했다. 디지털 수업에 도전해보고자 하는 선생님들께 정말 소소하고 작은 것부터 공유해드리며 같은 고민과 같은 생각을 하는 선생님들을 알아가기 시작했다. GEG South Korea의 펠로로 활동하고 연자로 강단에 서며 강의 노하우를 전수받고 나만의 커리큘럼을 구성해나갔다. 연수는 점차 잘 구성되어 지역 교육청 장학사님의 부탁으로 15시간 직무연수도 진행했다. 연수를 너무 듣고 싶지만 야간 자율학습이나 방과후수업, 혹은 가정의 일로 연수에 참여하지 못하는 선생님들에게서 도움을 요청하는 연락도 많이 받았다. 그래서 생각해낸 것이 유튜브 라이브 연수였다.

　　유튜브 라이브로 연수를 진행하면 선생님들이 각자 편한 곳에서 연수를 시청할 수 있을 뿐 아니라, 해당 영상이 방송 종료 후 자동으로 업로드되어 부득이 해당 시간에 실시간 연수에 참여하지 못한 선생님도 모두 연수를 들을 수 있다는 장점이 있다. 또한 연수마다 반복되는 이야기는 튜토리얼 영상으로 제작하여, 디지털 수업 혹은 구글 활용에 입문하는 선생님들의 요청이 있을 때마다 무료로 제공했다. 디지털 수업에 관한 구체적인 사례를 나누고 쉽게 활용할 수 있도록 실습형 연수를 진행하다 보니 더 많은 연수나 워크숍에서 특강 강사로 초빙하는 요청이 들어왔다. 정말 신이 나서 선생님들과 나누고 또 배웠다. 연수 운영상 나만의 철칙이라면, 매번 같은 연수를 진행하지 않겠다는 것이었다. 조금이라도 개선되고 나은 연수가 되도록 선생님들의 피드백을 받고 개선해나갔다.

하지만 늘 좋았던 것은 아니다. 구글이나 디지털 수업에 관한 연수를 운영하는 강사들은 모두 한 번쯤은 겪었을 일이지만, 여기저기서 쓴소리도 가끔 들려왔다. 그럴 때는 그런 쓴소리들을 내가 더 성장하는 계기로 만들려고 노력했다. 그러나 나를 정말 속상하게 했던 것은 한 워크숍 특강 강사로 요청받아 간 사전 협의회 자리에서 들은 말이었다. 그 선생님은 웃으며 나에게 "하도 구글 구글 하니까, 그 선생님 구글에서 돈 받는 거 아니냐 묻는 사람도 있더라"라고 말했다. 속이 많이 상했지만 우리 아이들이 즐거워하던 모습과, 배우며 뿌듯해하던 동료 선생님들의 모습을 생각하며 털어버렸다.

나는 하나에 꽂히면 푹 빠지는 성격이다. 거기에 재미와 효과까지 좋으니 정말 구글을 활용한 디지털 수업에서 헤어 나오기 어려웠다. 아니 헤어 나올 필요가 없었다. 교직 2막을 진정 행복하게 열게 해준 교육용 구글이었다. 컴퓨터에 대해 잘 모르고 기계를 잘 다루지 못하던 내가 연수를 진행하며 부족한 부분을 계속 메우게 되었다. 조금 더 많이 공부하고 익혀 더 좋은 수업을 하고 싶었고, 업무에도 더 잘 써보고 싶은 마음이 컸다. 디지털 수업을 배우기 위해 도전했던 구글 공인 교육자 인증에서 한 걸음 더 나아가 구글 공인 트레이너까지 도전하기로 마음을 먹었다. 그 과정이 쉽지만은 않았다. 칠전팔기라는 말을 스스로 겪은 것도 처음이었다. 구글 공인 교육자 레벨 2는 자그마치 시험을 네 번이나 치렀다. 눈 감고도 풀 수 있을 정도가 되어서야 합격 통보를 받을 수 있었다.

실패하고 다시 도전하는 과정이 힘들었지만 보람된 시간이었고 그 일련의 시간과 도전을 통해 정말 많이 배울 수 있었다. 구글 공인 교육자 레벨 1, 2를 취득한 후 3분짜리 튜토리얼 영상을 제작하여 구글에 제출하고 별도의 시험을 또 치른 후, 연수의 과정에서 배운 점, 나만의 연수 특징 등을 보고하는 5단계의 과정을 거쳐 구글 공인 트레이너가 되었다. 어렵게 얻은 자격인 만큼 더욱더 나 자신이 자랑스럽고 뿌듯했다. 우리 충남교육청 선생님들께, 제대로 자격을 갖추고 당당하게 나의 노하우를 나눠드리고 싶다는 작은 소망이 이루어졌다. 교사가 된 후로는 큰 목표나 소망이 없었지만 정말 오랜만에 목표를 세우고 공부하며 살아 있다는 느낌마저 받았다. 돌아보면 정말 열정 하나로 버틴, 힘들지만 행복한 시간이었다.

구글 공인 트레이너가 되며 GEG South Korea 박정철 교수님의 추천으로 GEG 충남을 결성하게 되었다. 구글에 GEG 충남을 신청하고 정식으로 승인을 받은 후, 충남에서 함께해준 든든한 캡틴들과 연수에 즐겁게 참여하고 나와 같은 방향을 바라보는 선생님들께 디지털 초대장을 보내, 함께 GEG 충남을 구성하게 되었다. 작은 커뮤니티이지만 온전한 내 사람 혹은 내 편이라는 생각이 들었고, GEG 충남 회원 선생님들께 감사하는 마음이 더욱 커졌다.

GEG Chungnam 초대장

Google Educator Group Chungnam(이하 GEG 충남) 가족이 되실 분을 모십니다. 영상 초대장을 봐주세요.

영상 초대장

GEG 충남이란?

Google은 Google Educator Groups라는 커뮤니티를 만들어 구글을 활용하는 교육자들이 나눔과 소통을 하도록 장려하고 있습니다. 현재 운영중인 학교밖 전문적학습공동체 [구슬러]를 보다 발전된 형태인 GEG 충남으로 만들어 충남의 선생님들과 함께 수업과 평가의 다양한 시도를 해보고자 합니다.
Google Educator Groups 소개 웹사이트: https://teachercenter.withgoogle.com/communities

✓ GEG 충남 회원 모집을 위해 직접 만든 디지털 초대장

2장 학생을 위한 디지털 수업과 평가

❶ 사교육비 경감과 교육 격차 해소를 위한 디지털 수업

디지털 수업을 하기로 결심한 것은 어쩌면 한 학생의 고민 상담에서 시작되었다고 할 수 있다. 하루는 한 학생이 교무실로 찾아왔다. 착하고 성실한 학생이었다. 그 학생은 가정 형편상 학교와 조금 멀리 떨어진 작은 마을에 살고 있었다. 학생이 내게 한 말은, 영어가 너무 좋고 열심히 공부하고 싶은데 중학교 영어 수업이 너무 어렵다는 것이었다.

상담을 끝내고 학생을 돌려보낸 후 진지하게 고민해보았다. 영어는 학급 내에서도 능력별 편차가 매우 심한 과목에 속한다. 그것을 모르는 바는 아니었다. 늘 수준별 수업에 신경을 쓰고 있었다. 그러나 보다 현실적이고 실행 가능한 대책이 필요했다. 그래서 학생들에게 설문조사를 실시했다. 영어 수업 만족도와 영어 수업 시간에 어려운 점을 솔직하게 작성하도록 했다. 대다수의 학생들이 '재미있다' '감사하다'라고 썼지만 '말이 너무 빠르다' '영어가 너무 어렵다' 등의 결과도 나왔다. 교육과정을 충실히 이행하고 학생들에게 하나라도 더 가르치려다 보니 내 말이 빨랐던 것 같다. 그렇다면 말을 천천히 하면 될까? 근본적인 해결책을 고민했다. 그러다 알게 된 것이 '거꾸로수업(플립러닝)'이었다.

디딤영상, 즉 학습 영상을 교사가 제작하여 학생들이 가정에서 보고 오도록 한 후 수업 시간에는 질문과 활동으로 진행하는 학습 형태였다. 학습 영상을 찍어 학생들에게 제공한다면 학생들은 가정에서 여러 번 반복 시청하며 자신의 레벨에 맞게 학습할 수 있겠다는 생각이 들었다. 사교육을 받지 않는 혹은 받을 수 없는 학생들도 교사가 직접 만든 영상을 보며 마음껏 공부할 수 있는 방식이었다. 너무 좋은 아이디어였기에 바로 실행으로 옮겨보았다. 사교육을 많이 받는 학생이 좋은 성적을 받는 것이 아니라 학교 수업을 충실히 듣는 학생이 좋은 성적을 받는, 너무나 당연하지만 잘 실현되지 않아 모든 공교육의 고민거리인 그 점을 그냥 지나칠 수 없었다.

학생들이 좋아할 만한 다양한 디지털 도구와 웹 자료를 수업에 활용하려고 했으며, 수업에 참여해야만 좋은 평가 결과를 받을 수 있는 시스템을 만들려고 노력했다. 그렇게 디지털 수업을 진행하고 있었기에, 코로나19 사태로 인해 학교는 물론 전 세계가 혼란에 빠진 시기에도 개인적으로는 두려움이 없었다. 늘 하던 대로 영상을 찍으면 되니 문제 될 것이 없다고 생각했다. 이때부터 주변 학교는 물론 충청남도 소재 학교들, 심지어 타 시·도 학교들로부터도 구글클래스룸 관련 연수 요청이 빗발쳤다. 학교에 눈치가 보였지만 오히려 교장, 교감선생님께서는 학교의 명예를 높여주어 감사하다며 칭찬해주셨다. 바쁜 일정에 건강이 상할까 염려하시는 교장선생님의 마음을 알고 나서 학교에 피해를 주지 않는 범위에서 강의를 다녀야겠다고 마음먹었다.

현실적으로도 도움이 필요한 학교들과 선생님들을 모두 도와드릴 수는 없는 노릇이었으므로, 교육지책으로 구글클래스룸 연수 영상을 교사용과 학생용으로 제작하여 공유하기 시작했다. 교사용은 물론 학생용으로 만든 짧은 영상이 조회수가 매우 높았다. 대부분 구글클래스룸을 사용하는 나와 같은 교사들은 학생들이 모두 교실에 있는 상황에서만 수업을 진행해온 터라, 그간 학생들을 위한 튜토리얼 영상을 많이 제작하지 못했던 것이다. 학생들 입장에서 어떻게 구글클래스룸에 접속하고 어떻게 과제를 제출하는지를 영상을 보며 따라하기 쉽게 제작한 것이 여러 사람들에게 유용했던 것 같다.

교사들은 평소 수업과 평가, 업무, 상담 등의 직무를 충실히 하면서 수업 준비나 교재 연구를 하기 때문에 근무시간 중 다

https://youtu.be/gQEy-zM6pEQ

✔ 구글클래스룸 활용 온라인
수업하기: 교사용

https://youtu.be/-dDuP_a1w3Y

✔ 구글클래스룸 활용 온라인
수업하기: 학생용

른 여력이 없는 것이 현실이다. 담임교사로서 근무하다 보면 하루
종일 화장실 한 번 못 가고 퇴근할 때가 부지기수다. 나 또한 퇴근
후에는 자녀를 돌보아야 하는 워킹맘이다 보니 수업이나 연수 영
상 제작을 위한 시간을 내기가 어려웠다. 따라서 학습 영상을 제
작하는 데 많은 시간을 할애할 수 없다는 점을 고려하여, 그렇다
면 간편하게 찍어서 바로 올릴 수 있는 디지털 도구가 무엇이 있
을까 생각해보았다. 답은 스크린캐스티파이(Screencastify)와 유튜
브였다.

　　스크린캐스티파이는 화면 녹화 혹은 캡처가 가능한 구글
의 확장프로그램으로, 크롬 웹스토어에서 다운로드해 내 크롬에
설치하여 사용할 수 있다. 구글로 로그인을 한 후 무료 버전을 사
용해보고 편리하다고 판단했고, 현재는 일정 금액을 결제하고 무

'스크린캐스티파이'로 학습 영상 만들고 활용하기

❶ 크롬 웹스토어에서 '스크린캐스티파이' 설치

❷ 스크린캐스티파이로 영상 제작

❸ 스크린캐스티파이 영상 제작 후 관리

제한으로 사용하고 있다. 스크린캐스티파이의 장점은 크롬 내의 문서들로 영상을 찍을 수 있을 뿐 아니라 내 컴퓨터의 전체 화면을 공유하여 영상을 찍을 수 있다는 점이다. 또한 영상 제작과 동시에 간편하게 편집을 하거나 바로 유튜브나 구글클래스룸에 업로드할 수 있어 별도의 시간과 장치가 필요하지 않아 편리하다.

영상을 제작한 후 업로드하기 위해 유튜브에서 내 채널을 처음으로 만들어보았다. 크리에이터들이나 채널을 만드는 줄 알았는데 내가 채널을 만들고 영상을 업로드하니 신기하고 재미있었다. 학생들의 집중도를 고려하여 영상은 20분 이내로 찍었으며 학생들이 언제든 시청하며 학습할 수 있도록 문법 부분을 제작하였다. 미등록으로 영상을 업로드하고 학생들에게 링크를 제공하여 학습하도록 하였다. 학생들은 학습 영상을 시청하며 자기 선생님이 유튜버라는 사실에 재미있어했고 영상을 열심히 시청하며 필기했다. 필기를 위해 영상을 잠시 멈추거나 두 번째 시청할 때는 배속을 빨리 하는 등 학생들이 자신의 능력과 필요에 맞게 영상을 활용하는 모습을 보고 개별화 수업이 중요하다는 것을 다시 한번 깨닫게 되었다.

수업을 위해 구글클래스룸을 만들어 사용하면서부터는 유튜브 영상 링크를 구글클래스룸에 업로드하여, 학생들이 구글클래스룸 내에서 과업과 학습 영상 시청 등을 모두 할 수 있도록 하였다. 구글클래스룸은 가상의 교실로서 수업과 평가를 담는 그릇과도 같다. 코로나19 팬데믹 이후로 온라인 수업 혹은 원격 수업

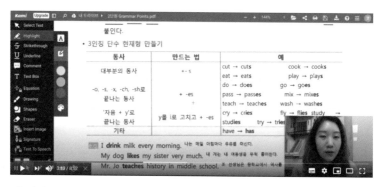

✓ 직접 제작한 '문법' 학습 영상의 한 장면

이라는 용어가 일상적으로 쓰이지만 나는 예나 지금이나 '디지털 수업'이라고 부른다. 학생들이 등교하는 오프라인 수업에서도, 원격으로 진행되는 온라인 수업에서도 언제든 사용할 수 있으며, 학생의 등교 여부와 관계없이 일관성 있게 수업과 평가를 진행할 수 있는 디지털 수업 학습관리 플랫폼이 바로 구글클래스룸이다. 구글클래스룸은 실제 교실이나 책걸상은 없지만 학생들이 언제 어디서든 학습을 할 수 있는, 보이지 않는, 돈이 들지 않는 교실인 셈이다.

구글클래스룸 기반 디지털 수업에서 교사는 학급별 클래스를 만들어 과제와 평가를 안내하고, 학생들은 디지털 디바이스를 이용하여 과제를 제출하고 평가에 참여하게 된다. 동학년을 여러 학급 지도할 경우 한 클래스를 만들고 다른 클래스에 해당 과제를 복사하여 재사용할 수 있기 때문에 시간도 오래 걸리지 않고 뚝딱 여러 학급의 클래스를 생성 및 관리할 수 있다. 이때 교사가 주의할 점은 반드시 과업별 복사본을 만들어 사용해야 한다는 것이다. 사본 만들기를 체크하지 않고 다른 학급의 클래스에 사용했다가 학생들 과업이 섞이는 아찔한 경험을 한 적이 있다. 보통은 이런 실수를 하게 되면 해당 교시에 수업을 이어나가기 힘들지만, 구글클래스룸 기반 디지털 수업 시에는 과제에 오류가 발견되면 그 자리에서 바로 수정하거나 새 과업을 업로드할 수 있다. 그러면 학생들은 실시간으로 수정된 과업을 열어 정상적으로 수업을 이어갈 수 있다. 이 점 또한 디지털 수업의 큰 장점 중 하나이다.

✔ 구글클래스룸 활용 영어 수업

❷ 강의식 수업에서 디지털 수업으로

과거에 나는 출판사에서 제공하는 학습지들과 자체 제작한 학습지들을 학기별로 학생 수만큼 복사하여 매 학기 첫 수업 시간에 나눠주곤 했다. 학습지를 두고 왔다는 학생들이 학급마다 몇 명씩은 있었고 아예 분실했다고 다시 모두 복사해달라는 학생들도 꽤 되었다. 그때마다 혼내기도 하고 잘 챙기라고 타일러보기도 했지만 결국 다시 복사해줄 수밖에 없었다. 디지털 수업을 시작하고부터는 이런 고충이 싹 없어졌다. 학습지를 가져오지 않아서 수업에 참여하지 못하는 학생도 없고 다시 복사해달라는 학생도 없었다. 학생들이 접속한 구글클래스룸에는 늘 해당 수업에 사용할 디지털 학습지가 있었고 모두가 같은 시작점에서 문제없이 학습할 수 있게 되었다.

나는 학생들이 언제든 반복해서 시청할 수 있는 학습 영상을 호기롭게 제작하여 유튜브에 올리고, 집에서 학습해 오도록 안내하였다. 가능한 한 여러 번 시청하고 수업에 참여하라고 당부하고 또 당부했다. 집에서 학생들이 영상을 시청하고 오면 해당 부분은 다시 설명하지 않아도 되겠다는 생각 아래, 수업 시간에 잘 이해가 되지 않는 부분은 질문하도록 하고 모둠별 과업을 완수하게 하여 학습목표를 성취하게 할 의도였다. 수업을 하기도 전부터 설렜다. 드디어 수업이 시작되었고 야심차게 준비한 학습 영상을 잘 보고 왔느냐 학생들에게 물었다. 대답이 시원하게 나오지 않았다. 학습 영상을 시청한 사람은 손을 들어보라 했더니 30명 중

10명도 채 손을 들지 않았다. 머리를 망치로 맞은 것 같은 느낌이었다. 하는 수 없이 영상으로 제작한 부분을 다시 설명하며 수업을 마쳤다.

　뭐가 문제였을까? 왜 가정에서 영상을 시청하지 않았을까? 그러다 문득 '집에서 학습 영상을 잘 시청하고 오면 아이들이 아니지' 하는 생각이 들었다. 그럼 영상은 제작할 의미가 없는 것일까? 아니다. 영상을 보고 오는 학생이 단 한 명이라도 있다면 그것은 제작할 가치가 있는 것이었다. 그렇다면 그 영상을 어떻게 더 많은 학생들로 하여금 가정에서 보고 오도록 할까? 꼭 영상을 집에서 봐야 할까? 수업 시간에 영상을 개별적으로 시청하고 학습하도록 하면 학생들이 개인 학습에 집중할 수 있고 집에서도 그 영상을 얼마든지 반복 시청할 수 있지 않을까? 생각이 여기에 이르렀고, 나는 그것을 실행해보기로 했다.

　수업 시간에 학습 영상을 크롬북과 이어폰으로 개별적으로 시청하도록 했다. 그러자 학생들은 각자 영상을 집중해서 시청하고, 놓친 부분을 되돌려 보고, 시청을 멈추고 교과서에 필기했다. 잘 아는 부분은 건너뛰는 학생도 있었고 자신의 수준에 맞게 영상을 빠르게 또는 느리게 하여 듣는 학생도 있었다. 그리고 나는 영상을 시청하다가 질문이 있는 아이들에게 답변을 해주고 각자 학습하는 것을 체크했다. 영상을 시청하고 형성평가를 실시했더니 결과는 정말 놀라웠다. 학생들이 개별적으로 영상을 시청하며 집중해서 학습한 후 치른 형성평가는 평소대로 학습한 후 치른

✔ 학생들이 디지털 영어 수업을 수행하는 모습

형성평가보다 높은 성취율을 보였다. 개별학습의 중요성을 깨닫게 된 정말 중요한 순간이었다. 그 후로도 나는 문법 영상을 제작하였고 수업 시간에 개별적으로 시청하도록 했으며 해당 영상을 학교 밖에서 반복하여 시청할 수 있도록 오픈하였다.

　내가 중학교에 다닐 때는 영어 선생님이 학생들에게 학교에 사전을 가져오라고 했다. 사전을 찾아가며 영어 공부를 하고 문장을 쓰고 독해를 하곤 했다. 나의 학생들은 크롬북으로 단어를 검색하고 검색한 단어를 원어민의 발음으로 들으며 영어 공부를 한다. 아이들이 밖에서 할 수 있는 것은 학교에서도 할 수 있어야 한다는 게 나의 생각이다. 내 제자들이 타자도 빠르고 검색 능력도 뛰어나고 다양한 도구와 전략으로 과제를 완수하고 영어 번역도 잘 활용할 수 있는, 디지털 시대에 걸맞은 인재로 자라길 바랐다. 그런 기술로 영어 텍스트에 나와 있는 정보를 파악하여 다양한 경험을 하고 많은 지식을 얻을 수 있길 바랐다. 그것이 학교 영어 교육이 궁극적으로 추구하는 목표라고 생각했다.

수업 시간에 아이들은 정말 질문이 많다. 물론 발표할 사람이 있냐 물으면 아무도 손을 들지 않지만, 과제를 완수하는 동안에는 궁금한 것이 있으면 참지 않는다. 그래서 들여놓은 것이 바로 구글 인공지능 스피커였다. '구글홈 미니' 스피커를 구입하여 영어 보조교사로 활용하였다. 여러 예시 질문을 만들어 학생들에게 영어로 인공지능 스피커에게 묻고 대답을 확인하도록 연습시켰고 예시 문장들을 교실에 게시하여 영어 사용이 익숙해지도록 하였다. 학생들은 영어 보조교사인 구글홈 미니에게 이것저것 물었고 원하는 팝송도 재생하도록 하였다. 구글 인공지능 스피커를 교실에 들이니 여러 가지 재미있고 손쉽게 할 수 있는 기능들을 활용할 수 있어 편리했다. 예를 들어, 학생을 선정해야 하는 때에는 랜덤 넘버를 고르게 하여 학생들에게 긴장감과 흥미를 불러일으켰다. 활동 시간에 제한을 두고 싶을 때에는 카운트다운을 주문하고 시간이 완료되면 자동으로 알람도 울리게 했다. 아주 똑똑하고 유용한 보조교사였다.

내가 담당하는 학년이 본격적으로 디지털 수업을 진행함에 따라, 학부모들께 자녀가 어떤 영어 수업을 받고 있는지 안내하고, 간단하지만 삶에 유용한 디지털 도구를 함께 연습해보는 시간을 제공하고 싶었다. 교장선생님께서 흔쾌히 승낙을 해주셨고 준비에 필요한 예산도 넉넉히 사용할 수 있도록 해주셨다. 학부모들께 '학부모 디지털 수업의 날' 참여 안내 가정통신문을 발송했고, 신청해 온 학부모들을 위해 2시간의 연수 커리큘럼을 구성했다. 1교시는 자녀들이 수행하는 디지털 시민의식 교육과 더불어 디지털교과서 체험, 클래스카드 영어 어휘 학습 등을 실습해보도록 했고, 2교시는 현대인의 삶을 조금 더 편리하게 해주는 구글지도, 구글캘린더 등을 체험해보도록 했다. 반응은 폭발적이었고 모두가 만족스러운 시간이었다. 학교에서 진행하는 디지털 수업에 대한 궁금증이 해결될 수 있었고 학교 교육을 더 많이 이해할 수 있는 기회인 만큼 다른 학교로 옮겨서도 연 1회는 꼭 추진하고 싶은 행사였다.

✓ '학부모 디지털 수업의 날' 운영 모습

❸ 디지털 수업에서 교수학습과 평가 100퍼센트 구현하기

구글문서나 구글프리젠테이션 등의 디지털 도구를 사용하여 학생들과 디지털 영어 수업을 진행하며 평가에 대한 방법도 함께 고민하게 되었다. 교육과정에서 강조하는 평가의 방향 중 학생들의 성장과 발전을 도모할 수 있는 개별 피드백을 주고 싶은데 어떻게 실현할 수 있을지가 늘 고민이었다. 영어 수행평가의 일환으로 듣기평가를 실시한 후 학생들에게 맞힌 개수를 보여주며 하는 개별 피드백은 '다음번엔 더 잘 보자'며 격려하거나, 영어 듣기를 잘하는 방법이나 교재를 추천해주는 게 전부였다.

그러다 접하게 된 것이 바로 구글설문지였다. 구글설문지는 원래 수요 조사나 만족도 조사 등을 위해 만들어진 도구이지만, 그 활용도를 재발견하여 시험지(Quiz)가 되기도 하는 유용한 도구이다. 구글설문지 퀴즈 활성화는 디지털 평가를 가능하게 해주고 실시간 제출 현황과 시험 자동 채점을 구현한다는 것만으로도 충분히 매력적이다. 100명 이상의 학생을 지도하는 우리 교사들로서는 간단한 쪽지시험을 채점하는 일에도 많은 시간이 소요되는데, 구글설문지를 평가 도구로 사용하고부터는 월말평가, 형성평가, 단어시험 실시가 두렵지 않았다.

또한 구글설문지를 더 깊이 들여다보면, 학생들의 응답 결과를 바로 통계로 보여준다는 것이 정말 유용하다. 전체 점수 분포, 평균, 중간값뿐 아니라 학생들이 자주 놓치는 질문을 보여주어 수업 시간에 재투입에 대한 팁을 제공한다. 또한 학생의 개별 응답을 수집하여 보관하는 포트폴리오로서의 역할도 할 수 있다. 애초에 디지털 시험지를 만들 때 정답을 맞힌 학생들과 오답을 제출한 학생들의 레벨에 따라 맞춤형 학습 영상을 제공하여 재학습이나 복습의 기회를 줄 수 있다는 점도, 내가 구글설문지를 동료 교사들에게 강력히 추천하는 이유 중 하나이다.

유례없는 등교 연기 및 온라인 개학 등을 겪으며 충남교육청은 학부모와 학생들의 불안을 해소하고 학생들의 학습권을 보장하기 위해 여러 가지로 고민하고 실천했다. 충남교육청 연구정보원에서 유튜브 채널을 개설하고 '어서 와! 충남 온라인 학교'를 학년별로 오픈하였다. 충남교육청 소속 현직 교사들로 학습지원단을 꾸리고, 홍성의 스튜디오에 가서 실시간으로 학생들을 만나는 신기하고 보람된 여정이 시작되었다. 나는 중학교 3학년 영어를 맡게 되었고 주당 2회, 45분씩 학생들을 랜선으로 만났다. 채팅창으로나마 소통하며 재미있게 수업을 진행했다. 아직 보지 못한 우리 학교 학생들도 만나고, 이런 기회가 없으면 만날 일이 없었던 충남의 다른 많은 학생들을 만났다.

온라인 학교 수업을 진행하며, 얼굴도 못 보는 우리 학생들이 과연 수업을 잘 듣고 있는지, 집에서 실시간 수업을 보며 어떤 생각들을 하고 있는지 궁금했다. 꼼짝없이 집에 있으며 유튜브로 선생님들을 만나는 우리 아이들에게 희망의 메시지를 전달하고 싶었다. 그때 떠오른 생각이 바로 구글설문지를 활용한 온라인

✔ 온라인 형성평가 모음

형성평가였다. 해당 영상의 안내란에 링크를 올려두고 제출 날짜를 설정하여 한 차시의 수업을 평가해보고 생각해볼 수 있는 미션을 제공하면서, 학생들과 또 다른 방법으로 소통할 수 있었다. 수천 명의 학생들이 동시 접속하고 구글설문지 온라인 형성평가를 제출하는 진기한 경험을 하며, 디지털 세상은 정말 제한이 없으며 불가능하던 것을 가능하게 해준다는 사실을 다시 한번 깨닫게 되었다.

'어서 와! 충남 온라인 학교' 지원 활동과 더불어, 우리 학교 학생들과도 웹상으로 더 많이 만나고 소통할 수 있으면 좋겠다고 생각했다. 그러던 중 충남교육청에서 '사제 동행 독서 동아리'에 관한 공문을 보내 왔다. 곧바로 모바일 메신저 학급방을 활용하여 선착순으로 영어 동아리원을 모집하였다. 학교에 등교하지 않는 온라인 등교 기간에 영어 동아리를 어떻게 운영할 수 있을까 의아하겠지만, 구글클래스룸이 있고 다양한 디지털 도구가 있는 이상 못 할 것이 없었다. 희망 학생 10명에게 구글클래스룸 동아리 클래스에 가입하도록 했고, 주 1회 이상 미션을 올리고 과업을 완수하는 방식으로 동아리를 운영했다.

'플루언시튜터(Fluency Tutor)' 프로그램을 활용하여 텍스트를 읽고 이해하고, 소리 내어 발음한 것을 녹음하여 제출하게 하며 영어 독서 동아리를 알차게 진행해나갔다. 또한 구글미트를 활용하여 월 2회 이상 실시간 화상 동아리를 운영하기도 했다. 구글미트로 동아리 학생들을 초대하는 방법은 구글클래스룸에 해당 링크를 올려두고 정해진 시간에 접속하게 하는 것으로, 별다른 어려움 없이 진행되었다. 다만 학생들이 서로 이야기를 하려 들면 교사의 말이 잘 전달되지 않기도 하고 말을 한마디도 안 하는 학생이 생기기도 하므로, 자신의 발언 차례가 아닐 때는 음소거 기능을 켜도록 하였다. 동아리 운영에 전혀 강제성이 없었으므로 부끄러워 얼굴을 가리거나 화면을 끄고 있는 학생들도 있었으나 자유롭고 편하게 참여하도록 하였다. 만약 출석이 중요한 정규 수업이라면, 화면을 끄면 미출석으로 처리한다고 안내하고 실행하는 방법이 적절할 것이다.

'플루언시튜터'로 영어 독서 동아리 운영하기

① 플루언시튜터 웹사이트 접속하여 회원 가입

② 구글클래스룸에 플루언시튜터 연결

③ 플루언시튜터로 학생들 읽기과업 확인

3장 교사의 시간은 소중하다

❶ 디지털을 통한 업무 효율성 증진

교사는 보통 하루 3~4시간의 수업이 고정적으로 있고, 수업이 없는 시간을 활용해 업무와 수업 준비, 상담 등의 일을 처리한다. 따라서 수업이 없는 시간을 효율적으로 활용하고 빠르게 업무를 처리하는 것이 매우 중요하다. 전체 중 절반 정도가 담임교사이며, 담임을 맡을 때는 그날그날 예정에 없던, 빠르게 협조해야 하는 일들이 많이 생기게 된다. 간혹 담당 학급 학생들의 가정 내 인터넷 환경 구축 여부 및 사용 가능 디지털 기기를 조사하라는 공문이 긴급하게 내려오기도 한다. 이렇게 처리해야 할 일이 한꺼번에

몰리면 하루가 정말 어떻게 지나가는지도 모르게 정신없이 흐르곤 한다.

우리의 시간은 모두 소중하지만, 특히 교사의 시간은 소중하다. 수업이 없는 시간을 효율적으로 사용하여 가능하면 많은 일을 처리하는 것이 중요하기 때문이다. 업무 담당자는 하나의 조사를 담임에게 부탁하지만, 담임 입장에서는 하루에 여러 가지 조사 협조를 받게 되기도 한다. 이에, 소중한 교사의 시간을 아주 능률적으로 쓸 수 있는 업무 처리 방식을 몇 가지 소개하고자 한다. 나는 이것을 협업의 기적이라 부르고 싶다.

먼저 구글문서를 통해 회의록이나 협의록, 혹은 계획서나 보고서를 작성하는 일이다. 구글 개인 계정에 접속하면 구글드라이브를 통해 문서를 만들거나 공유할 수 있다. 또한 한 문서의 권한을 변경하여, 동료 교사를 공동 작업자로 추가하여 함께 문서 작업을 할 수 있는 장점이 있다. 동료의 지메일(Gmail) 계정을 추가하여 그들의 역할을 '문서 작성 가능'으로 수정하여 저장하면, 별개의 문서들을 취합할 필요 없이 하나의 문서에 계획서나 보고서를 작성할 수 있으므로 편리하다. 별도의 한글 문서를 부서별로 나누어준 후 수합하면 담당자가 일일이 문서를 열고 그것들을 하나로 모아야 하지만, 구글문서를 활용하면 문서를 일일이 나눠주는 일도, 이름을 달리하여 저장된 문서들을 받아 하나로 모아 수정하는 일도 모두 하지 않아도 된다.

구글문서를 통해 협업을 하여 교사의 시간을 잘 활용하는 또 하나의 방법은 바로 협의록 작성이다. 각종 출장이나 연수, 회의 등에 참석하면 전달 사항이나 협의 내용을 작성하고 보고해야 하는 일이 생긴다. 회의 결과를 작성하거나 연수 내용을 정리할 때도 구글문서를 활용하여 작성하면 한 사람이 회의 내용을 받아 적고 정리하느라 고생하지 않아도 되고, 각자 자신이 언급한 내용을 문서에 기입하면 실시간으로 협의록을 작성하게 되어 시간을 소중하게 활용할 수 있다. 이렇게 효율적으로 일 처리를 하게 된다면 학생 면담을 더 많이 할 수 있고 수업 준비에 더 신경을 쓸 수 있을 것이다.

구글스프레드시트도 빠르고 신속한 업무 처리를 위한 좋은 도구이다. 나는 주로 담임들이 조사해야 하는 사항이나 학년별로 보고해야 하는 업무에 구글스프레드시트를 활용한다. 일례로, 온라인 개학 및 원격 수업 주간 운영을 위해 학급 학생 전체가 교과목별로 해당 EBS 온라인 클래스에 가입했는지를 조사해야 했다. 생각만 해도 막막했다. 학급당 30명의 학생들을 12개 교과목과 창의적체험활동의 동아리 및 진로 클래스에 가입시키고 그것을 확인하는 것은 쉬운 일은 아니었다.

디지털 도구를 알기 전의 나였다면 메신저를 통해 교과목 교사들에게 안내하고 확인 사항을 엑셀 파일로 받아서 하나의 파일로 합쳤을 것이다. 그러나 나는 구글스프레드시트를 만들고 해당 파일의 수정 권한을 학년 교과 담당 교사 모두에게 주어 링크를 보냈다. 10여 명의 교사들이 EBS 온라인 클래스에 학생들이 가입 신청을 했는지 확인하고 바로 문서에 기록을 하여, 정말 짧은 시간에 학생들의 교과목별 가입 여부가 확인되었다. 원격 수업 주간에 학생 우유 급식 신청을 받아야 하는 일이 생겼을 때에도, 역시 학년 전체 교사가 하나의 구글스프레드시트 파일에 동시 접속하여 바로 신청을 완료하고 영양 교사에게 전달하기도 하였다. 이렇게 우리 학년부에서 여러 번 구글스프레드시트를 통해 협업을 하고 나니 다른 학년부에서도 이 방법을 배워 적용하기도 하였다. 누가 그랬던가. 유용한 디지털 도구는 안 써본 사람은 있어도 한 번만 쓴 사람은 없다고.

구글설문지는 설문조사나 수요 조사, 희망자 조사 등에 매우 유용한 도구이다. 구글설문지를 통해 진학 희망 고등학교 조사를 실시해보았다. 학생들의 진학 희망 학교를 조사하는 것은 생각보다 민감한 사항이다. 친구들 앞에서 자신 있게 어느 학교를 가고 싶다고 말하는 학생은 많지 않다. 성적이 좋은 친구는 유명한 학교 여러 개 중 고민을 하고 있어 선뜻 대답하지 못하고, 성적이 좋지 않은 친구는 다른 아이들이 듣는 데서 가고 싶은 학교를 말하지 못하는 경우가 많다. 성적이 중간 정도인 친구 또한 자기 성적보다 높은 학교에 가고 싶으나 친구들의 반응이 걱정되어 밝히길 꺼리는 경우도 있다.

그렇기 때문에 학생 한 명씩 개별 면담을 해야 하지만 온라인 개학으로 인해 학생을 만날 수 없는 상황에서 일단 구글설문지를 사용하여 학생들이 원하는 학교를 1차적으로 조사했다. 학생

[논산중] 2020 고등학교 진학 희망 조사

진학을 희망하는 고등학교를 조사합니다. 부모님 혹은 보호자와 충분히 상의한 후 신중하게 작성해주세요.
조사기간: 2020.5.12.~2020.5.15. 오후4시 (기간 중 반드시 참여해야 함)

* 필수항목

1. 학번 (예시: 3109) *

내 답변

2. 이름 *

내 답변

3. 희망하는 고등학교 이름 (예시:논산고등학교 / 줄임표현이 아닌 정식 명칭을 써야 함) *

✔ 구글설문지를 활용한 진학 희망 고등학교 조사

들은 비밀리에 자신이 진학하고 싶은 학교를 마음껏 써낼 수도 있고 본인이 진학에 관해 궁금했던 것을 교사에게 자유롭게 물어볼 수 있었다. 한편 교사에게는, 학교 밖 전문적 학습 공동체 연수나 특강, 특정 연수에 대해 신청할 때도 구글설문지는 매우 적합하다. 뿐만 아니라 구글설문지로 업무 관련 정보를 받아두고 구글스프레드시트로 열면 수집된 정보를 한곳에서 확인하고 관리할 수 있어 매우 편리하다.

교무부나 학년부 등에서 특정한 일정이나 행사가 있을 경우에는 구글캘린더에 저장하여 일정을 공유하는 것도 매우 좋은 방식이다. 물론 학교가 교육용 지스위트를 구축하여 학교 도메인의 계정을 사용한다면 좋겠지만 교사 개인 계정으로도 충분히 구글캘린더의 일정과 행사를 공유하고 확인할 수 있다. 1학기 교육과정 운영 평가회나 학교 안 전문적 학습 공동체 연수, 원안 제출 혹은 성적 처리, 생활기록부 마감 등의 다양한 일정을 구글캘린더에 입력하고 교사들의 지메일을 통해 공유하면, 매번 메신저를 통해 안내하고 독촉할 필요가 없어진다.

제한된 날짜 안에 일을 완료하기 위해 업무 담당 교사는 늘 재촉하게 되고 죄송하다는 말을 입에 달고 사는 경우가 많다. 또한 기한 내에 제출되지 않는 문서들로 인해 처리를 미루게 되고 무작정 기다려야 하는 때도 허다하다. 디지털 도구를 이용해 간편하게 일 처리를 하면 서로 얼굴 붉히지 않으며 빠르게 진행할 수 있어, 직장 내 분위기를 향상시키는 측면에서도 매우 유익하다.

❷ 미래 역량은 교사에게도 필요하다

나는 아날로그 시대에 태어났다. 집에 하나뿐인 TV의 동그란 다이얼 버튼을 돌리며 채널을 변경했었다. 음악을 듣기 위해 카세트 테이프를 샀고 라디오에서 나오는 음악을 녹음하며 들었다. 고등학교 때는 새로 등장한 삐삐로 친구들과 교류했다. 그 후 시티폰을 거쳐 휴대폰, 스마트폰까지, 드라마틱한 시대의 변화를 정말 단시간 내에 경험해왔다.

디지털 시대의 삶은 물론 편리하다. 그런데 한편으로는 이 편리함이 무서울 때도 있다. 미래의 삶은 지금보다도 훨씬 더 발달할 것이다. 그래서 미래 역량은 비단 학생들에게만 강조할 문제가 아니다. 교사도 급변하는 상황에 적응하고 처리해야 할 일을 빠르고 정확하게 해결해나가야 한다. 교사는 배워서 남 주는 일을 하는 사람이라 들었다. 지금까지 교사가 되기 위해 공부했던 것들을 제자들에게 돌려주고 있는 셈이다. 그러나 이제는 교사도 배워야 한다. 배워서 내가 갖는다. 잘 살아가기 위해 말이다.

넘쳐나는 정보와 디지털 도구들에 압도당하거나 무기력해지는 것을 경험하곤 한다. 나는 디지털 도구에 익숙하다고 생각하지만 새롭게 빠르게 생산되는 것들은 종종 나의 능력치를 벗어나기 때문이다. 그럴 때에는 나 스스로에게 말을 한다. 모든 것을 알 수 없고 모두 다 알 필요도 없다. 많다고 눈을 감아버리지 말고 하루에 하나씩만 들여다보자. 하루에 하나 정도씩 새로운 디지털 도구를 사용해보고 수업과 평가에 유익할지, 육아에 도움이 될지, 살림살이에 도움이 될지, 자기 관리에 도움이 될지 등을 생각해보자. 유용하면 다시 사용하면 되고 아니면 사용하지 않으면 그만이다. 이렇게 마음먹고 난 뒤, 불안함이 조금 사라지는 것을 느낄 수 있었다. 몰라서 못 하는 사람은 되고 싶지 않다. 하나씩 열어보고 해보고, 유용하지 않으면 삭제하면 된다.

수업이나 업무 처리에도 마찬가지이다. 옛날처럼 교사에게 칠판과 분필만 있으면 되는 시대도 아니다. 구글 공인 트레이너가 되고 나서는 지메일을 통해 매일 엄청나게 많은 사람들로부터 온, 엄청나게 많은 디지털 수업과 평가 도구 혹은 사례들을 접하게 되었다. 하루만 정리하지 않으면 메일이 몇 페이지씩 쌓이니 매일 메일에 접속해 훑어보고 지우고를 반복하게 된다. 귀찮다면 귀찮은 일일 수 있겠으나 이것이 내가 공부하는 또 하나의 방법이 되기도 한다. 전 세계의 구글 공인 트레이너들로부터 온 수많은 자료를 받아 보며 새로운 정보를 빠르게 접하고 몰랐던 것들을 새로이 배우기도 한다. 같은 시간을 부여받은 교사들이어도 그 같은 시간을 어떻게 활용하느냐에 따라 결과는 천지 차이가 난다. 빠른 업무 처리가 나만의 무기가 될 수 있다. 다양한 디지털 도구를 이용해 같은 학년 혹은 같은 업무의 교사들과 협업, 공동 작업을 할 수 있다는 것은 디지털 시대를 살아가는 우리 교사들에게 너무나 중요한 역량일 것이다. 아울러 그것은 디지털 시대를 살고 있는 우리 학생들이 다양한 솔루션으로 문제를 해결하는 역량을 기를 수 있도록 이끌어주는 교사의 중요한 역량이 될 것이다.

학생 개인의 목표에 맞도록 학습을 유도하고 그 목표에 대한 개별 성취 수준 달성 여부를 파악하여 성장과 발전이 있는 피드백을 준다는 것은 교사의 역할 중 매우 핵심적인 부분이다. 교사로서 가장 중요한 일은 학생들을 최대한 잘 가르치고 완성된 사람으로 키워내는 것이라고 늘 생각해왔다. 그래서 구글을 공부했고 구글클래스룸을 시작했다. 구글클래스룸을 통해 학생 개별 학습지를 제공함으로써 학생의 능력에 맞는 수준별 학습지를 제공할 수 있었다. 오프라인 수업에서 개별 학습지를 사용해보지 않은

것은 아니었다. 수준별 학습지를 따로 만들어 나눠준 적도 있고 학생들이 자신의 레벨에 맞게 학습지를 선택하여 풀도록 한 적도 있다. 그러나 그때마다 든 생각은, 아이들이 친구들의 눈치를 본 다는 것이었다. 또한 자신의 능력을 객관적으로 판단하지 못하기 도 했다. 구글클래스룸 과제에서 학생별로 레벨에 맞는 디지털 학 습지를 부여하면 학생 프라이버시를 보호하며 수업의 효과를 높 일 수 있다.

　　구글클래스룸을 활용하자 학생의 개별 학습지나 과업의 결과를 보고 바로 개별 피드백을 줄 수 있었다. 학생과 대면하여 일일이 피드백을 주고 상담할 수 없는 현실에서 아이들 한 명 한 명에 집중하고, 마음껏 칭찬해주거나 부족한 부분을 콕 집어 말 해주는 것이 가능했기에 너무나 만족스러운 수업을 할 수 있었다. 학생들은 자신에 대한 정보를 친구들이 아는 것을 불편해한다. 물 론 학생 개인 정보를 다른 이가 알게 해서도 안 된다. 그렇기에 구 글클래스룸 과제 평가의 의견 모음(Comment bank) 기능은 매우 유 용하다. 학생들에게 자주 하는 말이나 평가 요소 같은 것은 의견 모음에 저장해두고 사용할 수 있어서, 이 또한 동료 교사들에게 꼭 써보라 추천하고 있다. 10년을 훌쩍 넘겨 교직 생활을 해오면 서 수업과 평가 분야에서 개선하고 싶었던 점을 디지털 도구로 해 결할 수 있었던 내 경험에 따르면, 이 기술을 활용하여 평가와 피 드백을 줄 수 있는 것이야말로 우리 교사들이 갖추어야 할 역량이 라고 생각한다.

구글클래스룸 '의견 모음' 기능으로 과제 평가하기

❶ 학생이 제출한 과제 열기

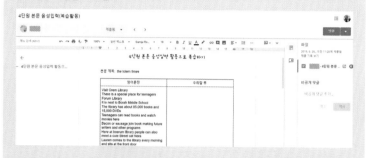

❷ 의견 모음에서 클립보드에 복사하여 사용

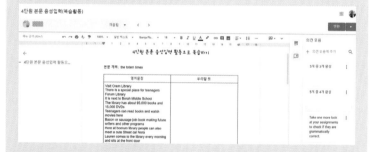

❸ 의견 모음에 새로운 피드백 추가

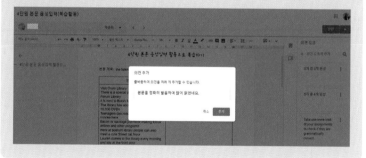

디지털 도구를 사용하기 이전에는 연수 희망 교사를 모집하거나 각종 수요 조사를 할 때 일일이 업무 메일로 받아서 그것을 엑셀로 작업했다. 매번 업무 메일을 열어 새로운 신청이 들어왔는지 확인하고 그 정보를 다시 엑셀에 옮기는 작업은 매우 귀찮았다. 구글설문지를 활용하면서 그런 번거로움은 한 번에 해결되었다. 구글설문지로 기간을 정하여 연수 신청을 받으면 실시간 응답이 자동으로 모인다. 연수의 일시와 장소, 목적 등을 안내에 기록한 후, 참석을 희망하는 교사는 '네'에 응답하도록 하는 방식이며, 연수 안내용으로 연락처와 학교, 이름을 작성하도록 한다.

구글설문지에 모인 응답은 구글스프레드시트로 열면 엑셀과 같은 형태의 자료 문서로 보관할 수 있다. 구글설문지를 사전 신청서뿐 아니라 연수 후 사후 설문지로 활용하는 것도 각종 연수의 질을 향상시키는 좋은 방법 중의 하나이다. 종이에 사후 설문을 받으면 통계를 내기도 어렵고, 한 번 읽고 말게 되는 아쉬움도 있다. 반면 구글설문지를 통한 사후 설문은 자동으로 분석하고 통계를 내주어 내 연수의 장단점을 파악할 수 있고, 다음 연수를 위한 피드백 자료로도 활용할 수 있다.

스마트폰으로 거의 모든 일을 처리하는 현 시대를 살아가는 데 있어 필요한 역량이 되는 또 하나의 유용한 도구는 바로 구글캘린더이다. 구글캘린더는 개인 일정이나 수업에서 사용하는 구글클래스룸의 과제 처리 일정, 구글미트를 통한 화상회의나 화상수업 일정 등을 한곳에서 확인하고 관리할 수 있는 디지털 달력이다. 여러 가지 일정들이 손안에서 편리하게 처리된다. 구글캘린더는 가족들이 일정을 공유하는 데에도 아주 유용한 도구이다. 바빠서 깜빡 잊고 출장 일정을 남편에게 말하지 못하더라도 남편이 내 일정을 공유해서 아이들을 돌보는 데에 차질이 생기지 않게끔 할 수도 있다. 우스갯소리로, 요즘 같은 언택트 시대에 남편과 만나지 않고도 일정을 확인할 수 있어 좋다.

❶ 코로나19로 등교 중지를 맞은 학교

코로나19 사태로 인해 우리나라는 유례없는 등교 개학 연기라는
선택을 하게 되었다. 초유의 등교 개학 연기로 인해 학교는 물론
전 세계가 혼란에 빠진 시기, 나는 두려움보다는 얼른 상황이 나
아져 일상으로 돌아갈 수 있기를 바라는 마음이 컸다. 코로나19
이전 상황부터 진행해온 디지털 수업과 평가, 그리고 디지털 활용
업무 처리 덕분에, 나는 이 상황을 헤쳐나갈 방법을 발 빠르게 모
색할 수 있었다.

2020년 3월 2일 등교가 무산되고 언제 등교하게 될지 아무

런 일정을 알 수 없어 막막하던 시기, 내가 맡고 있는 우리 학생들에게 불안과 두려움을 없애줄 무언가가 필요했다. 학생들에게 쏟아지는 가정통신문을 안전히 배달하고 학습권을 보장하기 위해 구글 사이트로 온라인 교실을 구축하기로 마음을 먹었다. 3학년 부장을 맡으며 학업과 진학이라는 중요한 업무에 최선을 다해야 하는 상황에서, 코로나19 사태로 마냥 손을 놓고 시간을 보낼 수만은 없었기 때문이다.

3월 첫 주에 3학년 담임교사들과 협의를 끝내고 바로 구글 사이트 3학년 온라인 교실을 만들었다. 교육부가 온라인 개학을 발표하기 전인 3월 둘째 주부터 구글 사이트 온라인 교실을 이용해 학생들에게 현재 상황 및 방역 수칙에 관해 안내하고, 담임 선생님 얼굴도 모르는 아이들을 위해 1분가량의 담임 소개 영상을 찍어 게시하였다. 학생들이 밖으로 나오지 못하며 사회적 거리 두기를 실시하는 동안 학교에 쏟아진 각종 가정통신문을 게시했고, 담임교사들이 본인의 과목 학습 영상을 나에게 보내주면 내가 업로드하며 학습권을 지켜주려고 노력했다.

3월 중순부터 충남교육청 '어서 와! 충남 온라인 학교' 중3 영어 수업을 주 2회 실시간으로 진행하며 학생들이 교육과정상 꼭 알아야 하는 주요 문법을 가르쳤고, 다양한 텍스트를 함께 읽으며 영어 학습에 공백이 생기지 않도록 하였다. 학교에서는 구글클래스룸 활용 수업에 대해 동료 교사들에게 안내해주며 우리 아이들을 위해 무엇이 최선인가를 생각했다. 우리 학교는 EBS 온라인 클래스 플랫폼을 사용하며 학생들에게 온라인 수업을 진행했다. 나는 학교가 협의하고 정한 EBS 온라인 클래스에 내가 진행한 '어서와! 충남 온라인 학교' 수업을 연계하고, 또 직접 찍은 영상을 업로드하며 학습하도록 지도하였다. 구글클래스룸이냐 EBS 온라인 클래스냐 하는 학습 플랫폼의 선택은 당시 중요하지 않았다. 중요한 것은 위기 속 합의되어 함께 나아가는 학교의 단합된 모습, 그리고 우리 학생들을 위해 선생님들이 저마다 최선을 다해야 한다는 사실이었다.

그리고 온라인 수업이 자리를 잡아갈수록 우리 아이들을 위해서는 선생님이 직접 일관되고 안정적으로 수업을 진행해가야 한다는 생각이 강해졌다. 코로나19 이전부터 늘 학습 영상을 찍었던 경험을 바탕으로 영어 수업 영상을 직접 찍어 학습 플랫폼에 업로드하였다. 평가 계획이 구체적으로 정해짐에 따라 평가할 내용을 교사인 내가 직접 가르치고 시험을 출제해야 한다는 책임감이 든 것이다. 비록 영상의 화질이 아주 좋지는 않았지만 내가 직접 중요한 것에 밑줄도 긋고 설명도 하며 학생들이 내 앞에 있다는 생각으로 오프라인 수업 하듯이 편안한 마음으로 진행하였다. 등교 수업이 이루어지고 난 후에도 학생이 원할 때 언제든 해당 영상을 반복 시청할 수 있어서 학생들도 만족스러워했다.

교육부의 지침에 따라 학교는 등교 개학을 연기했다. 몇 달이 지난 후 등교 개학과 원격 수업 주간을 병행하였고 일상 속 거리를 유지하며 조금씩 문을 열어나갔다. 학생들이 학교에 등교하지 않는 긴 시간 동안 학교는 분주하게 돌아갔다. 담임교사들은 그 어떤 해보다 더 바빴다. 학생들에게 모두 전화를 걸어 담임임을 밝히고 어찌 생활하고 있는지, 아픈 곳은 없는지, 학습은 어떻게 하고 있는지 등을 상담하기 시작했다. 학생들로 하여금 온라인 교실을 하루 2회 이상 방문하여 가정통신문을 확인하고 게시된 영상을 시청하며 학업을 이어가도록 안내했다.

정부가 온라인 개학을 준비하던 시기에 담임교사들은 모든 학생들 또는 학부모들에게 전화를 걸어 가정의 인터넷 환경과 이용 가능한 디지털 기기를 조사해야 했고, 이런 환경이 미비한 학생에게는 디지털 기기 대여 및 와이파이 대여를 신청해주었다. 또한 EBS 온라인 클래스 회원 가입 및 클래스 가입 신청을 모두 확인해야 했고, 학생들의 상황을 구글스프레드시트로 담임교사들과 교과 전담 교사들이 공유하며 파악해나갔다. 우리 학교는 학생들이 등교하지 않을 때에도 최대한 등교 이후와의 일관성과 안전성을 확보하고자 여러 가지를 조사했다. 영양 교사의 부탁으로 우유 급식 희망 조사를 했고 교무부의 부탁으로 동아리 가입 희망 조사, 체육부의 부탁으로 학교 스포츠클럽 가입 희망 조사를 실시했다. 이 모든 조사는 구글스프레드시트로 빠르게 학년부에서 공유되었고 업무 담당 교사에게 신속히 전달되었다.

매일 학생들의 온라인 수업 참여 현황을 확인하여 학습 이수율이 낮은 학생과 학부모에게 전화를 하며 학습을 독려했고, 등교 개학을 일주일 앞둔 시점부터는 매일 아침 학생 건강 상태 자가진단 여부를 확인하고 진단이 안 된 학생들에게 전화를 했다. 이러한 2020년의 담임교사의 역할을 '사랑의 콜센터'로 부르곤 한다. 모든 교사는 안정적인 학교 운영을 위해 사명감과 책임감을 갖고 전에 없던 낯선 일들을 열심히 해나갔다. 마치 물 위에 뜬 우아한 백조가 물 아래 숨긴 분주한 다리처럼.

코로나19 사태 이전에도 학급 반장 선거를 구글설문지를 활용해 빠르고 정확하게 진행했었다. 이러한 경험이 코로나19 이후 학급 반장 선거 및 전교 회장 선거에도 도움이 되었다. 입후보 학생들의 홍보 영상을 유튜브에 미등록으로 올린 후 해당 링크를 구글설문지에 삽입하여, 투표를 하는 학생들이 영상을 보며 후보들의 공약을 확인하고 진지한 자세로 투표할 수 있도록 하였다. 투표 가능 기한을 설정하여 충분한 시간을 주었고, 결과가 빠르게 실시간으로 수합되자 교사들은 긴장감 속에서 개표 방송을 지켜보았다. 투표가 마감된 시점에 학급 정반장과 부반장 입회하에 결과를 확인하도록 하고 최종 결과를 학생부에서 전교생에게 전달하였다.

❷ 교실 수업의 패러다임이 바뀌다

앞서 살짝 언급했듯, 코로나19 이전에 내가 진행하던 구글클래스룸 기반 수업을, 나는 '디지털 수업'이라고 불렀다. 온라인 수업이라고 부르지 않은 이유는, 나는 그것을 오프라인 수업에서 활용했기 때문이다. 코로나19 상황에서 느낀 점은, 디지털 수업은 온라인과 오프라인 수업의 경계를 허물고 어떤 수업의 유형에도 활용할 수 있는 장점이 있다는 것이었다. 사실 이제는 수업의 유형은 중요하지 않으며 어떤 상황에서든 일관되고 안정적으로 교육과정을 구현해내는 것이 가장 중요하다. 코로나19 이후의 수업은 온·오프라인 수업을 병행하는 블렌디드러닝이라고 할 수 있다. 학생들이 가정에서나 학교에서 지속적으로 사용할 수 있는 학습 플랫폼을 통해 교사는 자신의 수업을 직접 진행하거나 촬영하고 그것을 평가로까지 이어가야 한다.

　　여기서 내가 강조하고 싶은 것은, 다양한 앱과 웹을 활용한 디지털 수업이야말로 교실의 현재와 미래라는 점이다. 나를 비롯한 누군가는 디지털 수업을 통해 오프라인 수업의 여러 제약을 극복하고자 노력하고 있으므로 교실의 현재이고, 한 치 앞을 알수 없는 불안한 세상을 살아가며 제2의 코로나 사태를 맞이했을때 동요하지 않고 우리의 아이들을 교육시킬 수 있어야 하므로 교실의 미래이다. 디지털 도구를 교육적으로 활용하여 궁극적으로는 상황의 제약에 구애받지 않고 우리 아이들을 가르치고 길러내는 것이 모든 디지털 교육 활용 교사들의 목표일 것이다.

　　물론 디지털 수업이 만병통치약은 절대 아니다. 더 좋은 다른 방법이 있을 수도 있지만, 디지털 수업은 온·오프라인 수업 구분 없이 활용할 수 있으며 학생들에게 미래 역량을 기르게 도와

줄 수 있는 하나의 솔루션이 될 수 있다고 확신한다. 수업 시간에 어렵다고 졸던 학생이 수업에 참여하고, 학습 영상을 통해 가정에서도 공부를 하고, 학교 영어는 시시하다고 생각하던 학생이 다양한 디지털 수업에 열심히 참여하는 모습을 직접 눈으로 경험한 교사라면, 디지털 수업을 활용하기 이전의 자신으로 돌아갈 수 없을 것이다. 디지털 수업에서의 여러 가지 문제점을 예방하고 바르고 안전하게 디지털 세상을 살아갈 수 있도록 우리는 다음 세대를 잘 가르쳐야 할 것이다. 많은 교사들이 물었다. 왜 디지털 수업을 하느냐고. 내 대답을 다시 한번 강조하고 싶다. 디지털 수업을 통해 그 이전에는 불가능했던 수업과 평가가 가능해진다면 그것을 쓰지 않을 이유가 없다.

❸ 지금이 도약할 수 있는 절호의 기회

앱과 웹을 활용한 디지털 수업이 무조건 좋다거나 단점이 없다고 생각하지는 않는다. 디지털 수업을 위해 안전하고 원활한 인터넷 환경이 구축되어야 하고, 교사는 수업 전에 인터넷 상황을 점검해야 하며, 수업 중에도 한눈파는 학생이 없도록 끊임없이 아이들을 살피고 학습목표를 강조해야 한다. 또한 수업에 활용할 앱과 웹, 구글클래스룸 등을 확실히 익혀 온전히 내 것으로 만들어야 한다. 여러 가지 문제점과 준비 사항이 많다. 그런 점 때문에 디지털 수업의 가치를 부정하고 비판하기보다는, 일단 우리 아이들을 위해 한 번쯤은 시도해보는 게 나을 것이다. 하지 않고 무조건 비판하고 귀를 닫는 교사가 되기보다는 시도해보고 시행착오를 겪으며 더 나은 방법을 모색하는 교사가 되어야 할 것이다. 나부터 그런 교사가 되려고 노력하고 있다.

그 옛날 교육학을 배우고 임용시험을 준비하며 배웠던 말, '줄탁동시지'를 늘 가슴속에 새긴다. 교육은 밖에서 교사가 열심히 노력하고 안에서 아이들이 배우고자 노력했을 때, 그 둘이 만나 이루어지는 것이다. 모든 동료 선생님들께, 우리는 끊임없이 배우고 한쪽 귀를 열어두어야 한다고 말하고 싶다. 만약 자신의 수업에 대해 고민하고 있다면 지금이 바뀔 수 있는 절호의 타이밍이라고 말하고 싶다. 다행히 많은 학교들과 교사들이 변하고 있다는 생각이 든다. "너나 해"에서 "우리도 좀 알려줘"로의 변화가 느껴진다. 내가 진행하던 구글클래스룸 기반 디지털 수업에 대한 시선과 인식의 변화를 몸소 체험하는 요즘이다.

코로나19 이전에는 관심 있는 몇몇 교사들을 제외하고는 디지털 수업에 대해 부정적 인식을 갖고 있거나 관심이 아예 없는 분들이 대다수였다. 설움을 당하기도 했던 구글클래스룸이 코로나19 사태 이후로 몰라보게 위상이 올라갔다. 구글클래스룸에 대해 배워야 한다는 분위기가 확산되고, 내가 알고 있는 것을 나누고 도울 수 있다는 점에 보람을 느낀다. 학교에 등교하지 못하여 가정에서 답답해하고 불안해할 우리 아이들에게 좋은 디지털 도구로 좋은 수업을 제공하고자 하는 선생님께, 내가 조금이라도 도움이 될 수 있어 기쁘다. 미래를 쉽게 예측할 수는 없지만, 다양한 솔루션에 귀를 기울이고 준비하는 자와 그러지 않는 자는 분명히 차이가 날 것이다. 학위 논문을 쓰며 디지털 수업에 관한 다양한 서적을 읽었는데, 그 책 속 저자들은 공통적으로 이렇게 말했다. 교사에게는 열린 자세가 중요하다고.

이제 세상의 여러 분야가 코로나19 이전과 이후로 나뉠 것이며 학교 현장도 마찬가지일 것이다. 온·오프라인 수업 모두에서 디지털 수업이 유용하게 사용될 것이다. 이런 상황에서 학생들에게 제대로 된 디지털 예절, 인터넷 사용 예절, 디지털 시민의식 교육을 제공하는 것이 우리 교사들의 역할이다. 학생들이 인터넷상에서 심한 비속어를 사용하며 잘못된 행동들을 일삼는 것을 심심찮게 찾아볼 수 있다. 이러한 현실을 학교에서 그리고 가정에서 함께 들여다보고 지도하여 그들이 바른 디지털 시민이 될 수 있게 해야 한다. 우리 학생들을 기르는 데 있어 '무엇을'도 중요하지만 '어떻게'가 더 중요하다고 생각한다. 우리가 가진 것을 어떻게 활용할 것인가가 모든 교사와 부모의 고민이고 숙제이다.

그리고 교육 현장에서 코로나19에 빠르게 대처하지 못하는 것을 비단 교사만의 문제로만 치부하지 않았으면 하는 바람이다. 우리 모두에게 코로나19는 처음 겪는 일이다. 디지털 수업을 발 빠르게 행하지 못한다고 해서 어제까지 존경받던 교사들을 무능력하다며 손가락질해서는 안 된다. 학교는 모든 구성원이 서로

도와 함께 학생들의 성장과 발전을 도모해야 하는 곳이기 때문이다. 또한 그렇게 배려하며 함께 가는 모습을 다음 세대에게 가르쳐야 하기 때문이다.

우리나라 교육의 변화에 대해 서로 공감하고 이해하며 소통하는 것이 중요하다. 그리고 교육의 본질을 들여다보며 교육 정책을 정립해나가야 한다. 인기 있는 것을 따라 하고 인기 없는 것은 무시하는 정책이 아닌, 다양성을 존중하고 다양한 상황에 맞는 솔루션을 함께 찾아가도록 돕는 정책이 마련되면 좋겠다. 교육부와 교육청은 학교 지역, 학교급, 학교 환경 등의 다양한 측면을 살펴보아야 하며, 디지털 수업 방법과 시스템 등을 잘 구축하여 학교와 교사들에게 자세한 가이드라인을 제시해야 한다. 또한 많은 사례 예시를 발굴하여 적극적으로 공유해야 할 것이다. 바쁠수록 돌아가는, 전체를 아우르는 정책과 예산 지원을 기대해본다.

3부

컴퓨팅으로 꿈꾸는 미래 교실

▶ 홍지연

1장 우리에게 정말 학교가 필요할까?

❶ 학교라는 이름의 전쟁터, 그러나 포기할 수 없어

1999년부터 2017년까지 〈학교〉라는 이름의 드라마 시리즈가 꽤 인기를 끌었다. 20년 가까운 시간 동안 학교를 소재로 드라마를 만들었다니 꽤 재미있는 작품이었나 보다 하는 생각이 드는가 하면, 그만큼 '학교'라는 공간이 많은 사람들에게 애증(?)의 공간이기 때문에 이런 인기가 가능하지 않았나 싶기도 하다. 대한민국 국민이라면 누구든 학교라는 공간에서 짧게는 12년, 길게는 16년 이상을 보낸다. 나의 경우 40년 가까운 시간 중 30년이 넘는 시간을 학생으로, 또 교사로 학교에서 보냈고 앞으로 적어도 20년은 더 보낼 테니, 학교는 지금의 나라는 사람을 있게 해준 시간이자 공간이라 하겠다.

초임 교사에게 학교라는 이름은 듣는 것만으로도 가슴 떨리는, 설렘과 걱정이 공존하는 곳이다. 나 역시 그랬고, 아이들과 즐겁게 수업하는 나의 모습을 상상하며 첫 출근을 했었다. 그러나 핑크빛으로 가득했던 그곳이 전쟁터와 다름없다 여기게 되기까지는 그리 오랜 시간이 걸리지 않았다. 선생님 앞에서 너무나 예쁘게 행동하던 아이들이 뒤에서 욕설을 일삼았고, 가정불화에서 시작된 가슴 속 화는 친구들에게 폭력을 휘두르며 악으로 변했다. 그런 모습을 보며 학교라는 공간이 배움의 장이기 전에 관계의 장이 되어야 함을 알게 되었다.

아이들과 나 사이에 끈끈한 라포르가 형성되기 전에는 그 어떤 배움도 의미가 없다는 생각으로 접어들 때쯤, 한 아이가 나를 찾아왔다. 좀 더 정확하게 표현하자면 그 누구도 맡기를 꺼려하는 아이였다. 그 아이 하나로 그 학년을 아무도 지원하지 않았다 할 정도니 현직에 있는 교사라면 그 심각성을 짐작할 수 있을 것이다. 4학년 때부터 극단적 선택을 시도했고, 감정의 기복이 심해 누구도 그 아이와 친구가 되려 하지 않았다. 하루하루가 살얼음판과도 같은 나날들……. 과연 이 전쟁터에서 나는, 그리고 그 아이는 살아남을 수 있을까?

두려웠다. 나의 제자가, 나와 한 공간에서 생활하는 나의 아이가 잘못된 선택을 하게 된다면 나는 괜찮을까? 내가 다시 교단에 설 수 있을까? 아니, 서지 못할 것 같았다. 자신 없었다. 휴직을 하고 피해 있어야 할까? 어떻게든 방법을 찾아야 할까? 그때의 나는 후자를 택했고, 고민했다. 단 한 명의 아이도 잃지 않아야 하므로 방법을 찾아야 했다. 손을 잡고 학교 곳곳을 다니며 이런저런 대화도 하고, 친한 친구를 만들어주기 위해 학급 내 여러 가지 행사도 기획했다. 더러는 그런 노력들이 효과를 발휘하는 것 같았고, 더러는 밑 빠진 독에 물을 붓듯 다시 원점으로, 다시 원점으로 돌아가길 반복했다.

무엇이 문제일까? 문제의 원인은 소통이 잘 되지 않는다는 것이었다. 그 아이는 감정의 기복이 널뛰듯 하여 어느 날은 천사의 얼굴로 미소 지으며 친구들에게 먼저 다가갔고, 또 어느 날은 세상의 근심을 다 짊어진 노인처럼 무거운 얼굴로 어떤 말도 하지 않았다. 친구들이 그 아이를 피하는 이유도 여기에 있었다. 이상하다는 것이다. 종잡을 수 없는 그런 행동들이 친구들의 눈에 이상해 보였던 것이다.

❷ 소통은 온라인을 타고

소통의 문제를 잡아야 했다. 좀 더 안정적으로 소통할 수 있는 방법 말이다. 그 무렵 나는 ICT 활용 교육 선도교사를 거쳐 정보화 교육 선도교사로 활동하고 있었다. 주된 역할은 ICT를 활용한 수업 방법, 그리고 **다높이**를 통한 온라인 학급 운영 및 온라인 학습 지도법을 선생님들께 전하고, 일종의 튜터 또는 멘토로서 여러 가지 지원을 하는 활동이었다. 지금은 코로나19로 전국 모든 선생님들이 온라인 수업의 달인이 되었다 해도 과언이 아닌데, 당시만 해도 온라인 학급을 운영하며 온라인과 오프라인에서 학습지도를 병행하는, 일종의 블렌디드러닝을 실천하는 교사가 많지 않았다.

온라인에서의 소통이라면 오프라인에서 보이는 그런 문제들을 조금은 잡아주지 않을까? 생각이 여기에 미치자 망설일 이유가 없었다. 이미 여러 해 동안 온라인 학급을 운영해왔기에 내가 가진 모든 전략을 동원하고자 마음을 먹었다. 물론 위험성 역시 고려하지 않을 수 없었다. 온라인이기에 오히려 더 문제가 될수도 있기 때문이다. 그러나 다행히도 그 아이에게 온라인은 오프라인보다 편하게 친구들과 소통할 수 있는 공간이었다. 온라인 학급에서 친구들을 도와주는 도우미 역할로 나의 업무를 보좌(?)하며 쪽지로, 댓글로 친구들과 조금씩 소통의 시간을 늘려갔다.

다높이란?

경기도 사이버 가정학습의 이름이다. 사이버 가정학습은 학습자가 가정이나 학교 외 장소에서 인터넷을 활용하여 자신의 수준에 맞추어 스스로 학교 수업을 보충할 수 있도록 지원하는 인터넷 기반의 학습을 의미한다. 초·중등학교에서의 대표적인 e-러닝 형태이며, 학생들은 온라인으로 제공되는 맞춤형·수준별 자율학습 콘텐츠를 사이버 교사를 통해 체계적으로 관리·지원받을 수 있다. 지금은 e학습터 등을 통해 사이버 학습이 이루어지고 있다.

그 아이에게 오프라인 속 학급은 썩 좋은 기억의 장소가 아니었다. 단 한 번도 공부를 잘했던 적이 없었고, 능력을 발휘할 기회도 없었으며, 마음 터놓을 친구 하나 제대로 없는 곳이었다. 자신의 마음을 드러내면 드러낼수록 그 아이는 학급의 천덕꾸러기로, 학교의 문제아로 낙인찍혀갔다. 하지만 온라인에서의 그 아이는 전혀 다른 존재가 될 수 있었다. 선생님을 돕는 보조 학생으로 지정되어 친구들의 질문에 응답해주고, 친구들이 올린 영상 과제나 문서 과제에 칭찬의 댓글을 달아주며 친구들에게 다가갈 수 있었다. 더욱 의미있는 점은 이런 변화가 그 아이에게만 일어난 것이 아니라는 사실이다. 그 아이를 대하는 친구들의 태도가 달라졌다. 온라인에서의 변화는 오프라인에도 전이되어 아이들은 전보다 자연스럽게, 전보다 긍정적으로 서로를 대하기 시작하였다.

아이는 그렇게 무사히 그해를 마무리하였고, 지금은 어엿한 대학생이 되어 가끔 SNS상에 근황을 올린다. 여전히 예민하고, 여전히 여린 마음의 상처가 언뜻언뜻 보이는가 싶기도 하지만, 친구들과 다녀온 여행 사진도 보이고 여느 20대 아가씨들처럼 뷰티 어플로 한껏 꾸민 모습도 보이니 잘 자랐다 싶다. 이렇게 나는 그해 온라인 학습과 깊은 인연을 더했다. ICT 활용 강사로 시작해, 이름도 낯선 캠타시아로 수업하는 방법을 전파했고, 정보화 교육 강사를 거치며 사이버 가정학습을 선생님들께 알린 데 이어, 스마트 교육 강사로까지 나아갔다. 학부에서 초등국어를 전공하며 동화작가 동아리에서 활동하던 내가 교직 생활 중 석사와 박사를 컴퓨터 교육으로 이수했으니, 그 인(因)과 연(緣)이 보통은 아니다 싶다.

❸ 학교는 필요한 곳일까?

그렇게 지금의 내가 되었고, 2020년 도래한 코로나19 사태는 전국의 학생들을 학교가 아닌 컴퓨터 앞으로, 스마트폰 앞으로 가게 만들었다. 처음엔 그 누구도 상상하지 못했던 일, 설마 그렇게까지 되겠어 했던 일이 현실이 된 것이다. 온라인 수업이 선택이 아닌 필수인 시대, 언택트를 부르짖는 사회, 그 속에서 대두되는 학교의 역할에 대한 의문들. 과연 학교의 역할은 무엇인가? 학교는 정말 필요한 곳인가? 철학이란 학문이 그러하듯 교육에 대한 철학 역시 정답이 있는 것이 아니라 끊임없이 생각하게 만드는 것, 그것이 충분조건이라 생각한다. 학교에 대한, 교육에 대한 패러다임이 변하고 있고, 진리라 믿었던 것들도 과연 그것이 진리인가 의문을 품게 한다. 그래서 하나씩 살펴보고자 한다. 변하고 있는 세상에서 새로운 교육, 미래 교육이라고 불리는 것들이 실제 학교 현장에서 어떤 변화를 일으키고 있는지, 하나씩 들여다보면 '정답'까지는 아니더라도 '해답'은 찾을 수 있지 않을까?

2장 상상을 현실로!

❶ 놀이로 시작하는 소프트웨어

'왜 소프트웨어가 세상을 먹어 치우고 있는가?' 최초의 인터넷 웹 브라우저인 모자이크를 만들고 넷스케이프를 공동 창업했던 마크 앤드리슨의 유명한 칼럼 제목이다. 이제는 좀 식상할 정도로, 소프트웨어 교육의 필요성을 강의할 때 가장 많이 소개된 문구가 아닌가 싶다. 내 손 안의 작은 세상이라 불리는 스마트폰 하나만으로도 소프트웨어가 가지는 힘을 가늠할 수 있다. 필요한 정보를 찾는 검색에서부터 은행을 가지 않아도 되는 금융 서비스, 원하는 물건은 지구 반대편에 있는 것이라도 살 수 있는 쇼핑, 나의 일정

관리, 건강 관리, 업무 관리까지 정말 못 하는 게 없는 스마트폰의 위력은 모두 소프트웨어가 있기에 가능한 것이다. 우리는, 그리고 우리 아이들은 현재 이러한 세상, 정신적 노동의 자동화라 불리는, 소프트웨어가 광범위하게 사용되어 삶의 질이 향상되고, 소프트웨어가 개인, 기업, 국가의 경쟁력이 되는 소프트웨어혁명 한가운데에 살고 있는 것이다.

이러한 세상에 살고 있기에 소프트웨어 교육을 해야 한다고 한다. 세상이 소프트웨어를 중심으로 돌아가고 있고, 그런 세상의 변화에 적응해서 잘 살아갈 인재를 양성하기 위해 소프트웨어 교육이 필요하다는 것이다. 새로운 세상에서 벌어질 수많은 문제들을 컴퓨터를 활용해 효율적으로 해결할 수 있는 사고력, 즉 컴퓨팅 사고력을 키워주기 위해 소프트웨어 교육이 필요하다 말한다. 맞다. 맞는 말이다. 앞으로의 세상에서 닥칠 문제들은 컴퓨터를 활용했을 때 쉽게 해결할 수 있는 성질의 것이 많을 수밖에 없다. 결국 우리 아이들에게 필요한 것은 앞으로 살아가며 만날 많은 문제들을 해결하기 위한 문제해결력 아닌가. 그때 필요한 게 컴퓨터를 잘 다루고, 소프트웨어를 만들어 그 문제를 효율적으로 해결할 수 있는 컴퓨팅 사고력이라면 그것을 키워주어야 함은 당연한 것이다.

그런데 문제는 여기서 시작된다. 초등학교에는 아직 정보 교과가 없다. IT 강국이라 불리는 대한민국에, 정보 교과로서의 교육은 중학교에서 그 시작이 이루어진다. 초등학교 5~6학년군

실과 교과에서 정보 교육을 다루고 있기는 하나, 실과는 본질적으로 개인과 가정 및 일상생활의 이해와 적응에 필요한 지식과 기능을 습득하는 교과다. 그러다 보니 그 속에서 정보 교육은 가정생활, 기술정보, 생명환경, 진로인식의 4가지 영역 중 하나로 다뤄지고 있다. 기본적인 ICT 활용이나 디지털 리터러시를 배우지도 못한 채 6학년이 되어서 소프트웨어 교육을 바로 시작하는 셈이다. 그러니 처음부터 컴퓨터를 던져주고 실생활 속 문제를 해결해보는 수업을 하기란 교사에게도 학생에게도 쉽지 않은 과제다.

어떻게 시작해야 할까? 저학년 때부터 차근차근 조금씩이라도 정보 교육을 받아 소프트웨어 교육을 시작하기 전 갖춰야 할 기본 정보 소양을 갖춘다면 좋겠지만, 그것이 안 되는 상황이라면 소프트웨어 교육이라도 제대로 하기 위해 뭔가 방법을 찾아야 한다. 조금은 쉽게, 그리고 재미있게 소프트웨어 교육을 시작할 수 있는 방법, 바로 놀이다. 놀이를 통해 컴퓨터가 어떤 일을 할 수 있는지, 그 일을 하기 위해 필요한 프로그램은 무엇인지, 우리에게 꼭 필요한 프로그램을 만들기 전에 알아야 할 개념은 무엇인지 등을 딱딱한 이론 수업이 아닌 놀이를 통해 배우는 것이다.

언플러그드 컴퓨팅 교육은 뉴질랜드의 팀 벨(Tim Bell) 교수에 의해 개발된 프로젝트 활동이다. 컴퓨터 없이 컴퓨터과학을 학습할 수 있는 놀이활동으로서 이진수와 데이터의 표현, 데이터 압축, 알고리즘 등의 컴퓨터과학 내용을, 카드나 크레용 같은 주변 문구를 이용한 게임이나 활동을 통해 배울 수 있다. 하지만 이러한 팀 벨 교수 연구팀의 컴퓨터과학 중심의 언플러그드 활동은 우리나라 교육과정에서 보면 중학교부터 적용 가능한 수준이어서, 초등 수준의 언플러그드 활동으로는 다소 맞지 않는 부분이 있다. 그래서 우리는 초등학생들도 쉽게 배울 수 있는 언플러그드 활동을 개발했고 학생들과 하나씩 실천하며 소프트웨어 교육을 시작했다.

예를 들어 2인 1조가 되어 한 명은 프로그래머의 역할을, 한 명은 컵 쌓기 로봇의 역할을 맡는다. 프로그래머가 정해진 명령기호로 명령을 내리면, 컵 쌓기 로봇은 그 명령기호에 따라 움직이며 컵을 하나씩 쌓는다. 그 과정에서 순차, 반복과 같은 프로그래밍의 기본 제어구조를 체험할 수 있다. 2015 개정 교육과정에 제시된 소프트웨어 교육 성취 기준의 하나인 '[6실04-11]문제를 해결하는 프로그램을 만드는 과정에서 순차, 선택, 반복 등의 구조를 이해한다'를 간단한 놀이를 통해 쉽게 달성할 수 있는 예시라 할 수 있겠다.

✓ 언플러그드 활동을 통한 소프트웨어 교육 장면

❷ 블록형 언어로 쉽게 만드는 소프트웨어

놀이로 시작은 했으니 본격적으로 소프트웨어 교육에 들어가야 한다. 기술적으로 뛰어난 소프트웨어를 만들어내는 것이 목표가 아니다. 문제를 찾고, 그 문제를 해결하는 과정에서 절차적 사고로 알고리즘을 설계하고, 시행착오를 거치는 과정 속에서 사고력을 키워가는 것, 그것이 더 중요하다. 그러기 위해서는 프로그램을 만드는 언어 자체가 어려워서는 안된다. 언어를 배우는 것에 매몰되어 사고력을 키울 기회를 맞이하기도 전에 좌절을 맛보고 포기하게 된다면 그 어떤 소프트웨어 교육도 무의미하다. 그러하기에, 아직 구체적 조작기에 있으며 프로그래밍을 처음 접하는 초등학생에게는 C, 파이선과 같은 텍스트형 언어보다 엔트리, 스크래치와 같은 블록형 언어가 적합하다.

블록형 언어가 가지는 가장 큰 장점은 직관적이라는 것이다. 문법이 없는 것은 아니나 엄격하지 않다. 자신에게 필요한 블록을 끌어다 연결하는 것만으로도 코드가 완성된다. 프로그래밍의 결과는 즉각적으로 확인 가능하며 언제든 수정할 수 있다. 띄어쓰기 하나에 마음 졸이지 않아도 되고, 영어라는 언어 장벽 역시 없다. 마음껏 상상하고, 상상한 대로 코드를 작성해 모니터 속 세상을 자유자재로 움직일 수 있다.

학부모 또는 처음 소프트웨어 교육 연수를 듣는 교사를 대상으로 강의를 할 때 블록형 언어를 통한 코딩 방법을 연극에 빗

대어 설명하곤 한다. 연극의 4요소는 무대, 배우, 관객, 그리고 시나리오이다. 무대와 배우는 시나리오에 따라 움직인다. 작가가 상상한 세상을 시나리오에 한 줄 한 줄 적어 내려가면 그 시나리오에 따라 주인공이 말을 하고, 움직이며, 무대의 배경이 바뀐다. 코딩도 마찬가지다. 프로그래머가 작성하는 코드 한 줄 한 줄에 따라 오브젝트가 말을 하고 움직이며 무대의 배경이 바뀐다. 코드를 작성하는 것은 시나리오를 작성하는 작가만큼 창의적이고 많은 사고를 요하는 작업이다. 또한 연극에서 관객은 매우 중요하다. 주인공의 연기를 보고 적절한 반응을 해주거나 때에 따라서는 작품에 함께 참여한다. 이는 프로그램에서도 마찬가지다.

예를 들어 다음 작품 속 주인공은 여자아이다. 무대의 배

Copyright © Connect Foundation. Some rights reserved.

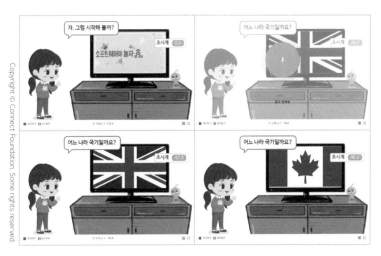

✔ 블록형 언어 '엔트리'를 활용해 만든 음성인식 퀴즈 프로그램

경은 거실이고, 소품으로 TV가 등장한다. 이 작품의 사건은 여자아이가 TV에 나오는 퀴즈를 풀어야 한다는 것이다. 화면에 국기가 등장하면 어느 나라의 국기인지를 맞혀야 한다. 이때 사용자의 개입, 즉 관객의 참여가 필요하다. 실제로 주인공인 여자아이가 맞히는 것이 아니라 사용자가 음성으로 나라의 이름을 이야기하면, 그 목소리를 인식해 정답인 경우 다음 문제로 넘어가게 된다. 이런 일련의 작품을 만드는 데 필요한 시나리오, 즉 코드는 아래와 같다. 어렵지 않다. 누구나 할 수 있다. 자신이 머릿속에 상상한 작품을 쉽고 재미있게 현실로 만드는 경험, 블록형 언어로 소프트웨어 교육을 시작하는 이유가 아닐까.

✔ 음성인식 퀴즈 프로그램을 완성하는 데 필요한 코드

Copyright © Connect Foundation.
Some rights reserved.

➌ 세상에 빛이 되는 소프트웨어를 만들래요!

미국에서 활동하는 로봇공학자, 데니스 홍의 강의를 들은 적이 있다. 그는 인간을 위한 따뜻한 기술에 대해 이야기했다. 자신이 처음 시각장애인을 위한 프로젝트에 참여하게 된 사연을, 그는 세상을 이롭게 하는 기술, 인간을 위한 따뜻한 기술로 풀어나갔다. 그의 강의를 들은 사람들 모두 가슴속에 따뜻한 기술을 향한 설렘, 가슴 뜨거워짐을 느끼지 않았을까 하는 생각이 든다. 우리가 소프트웨어 교육을 하는 것은 우리 아이들을 프로그래머로 키우려고 함이 아니다. 수학을 배우는 이유가 수학자가 되기 위함이 아니라 논리적인 사고를 키우는 사고력에 포커스를 두는 것과 마찬가지다. 하지만 그 목적이 아무리 좋다 하더라도 방법이 잘못되면 바른 방향으로 향하기 어렵다. 그래서 소프트웨어 교육을 할 때도 잘못된 방향으로 가지 않게 하는 데 애써야 했다. 바로 프로젝트 수업을 통해서 말이다.

프로젝트 수업은 어느 교과에서나 할 수 있는 문제해결 중심의 수업이다. 소프트웨어 교육에서도 프로젝트 수업을 통해 문제해결력을 키우되, 그 주제를 '인간을 위한 따뜻한 기술'로 두고 싶었다. 그래서 찾은 주제가 UN의 '지속 가능한 발전 목표'였고, 아이들과 17개의 목표 중 하나를 잡아 프로젝트를 진행하였다. 어떤 모둠에서는 양성평등을 주제로 자신들만의 위돌이, 위순이 로봇 소프트웨어 프로그램을 만들어 해결 방법을 찾았고, 어떤 모둠에서는 신재생에너지를 주제로 잡아 자율주행 자동차가 신재생에너지로 움직이는 미래 도시를 표현하였다. 아이들만의 상상과 창의가 어우러져 나름의 아이디어들이 톡톡 튀는 가운데, 유독 눈길을 끄는 한 모둠이 있었다.

'빈곤'을 주제로 한 이 아이들은 어느 모둠보다도 진지했다. 실제 EBS 〈나눔 0700〉에 방영되었던 사례의 주인공들이 우리 학교 학생이었고, 그 친구들을 돕는 손길이 학교에서는 물론 전국에서도 이어졌다. 그러나 한 해, 두 해가 지나도 그 친구들의 가난은 끝이 보이지 않았다. 이러한 과정을 온전히 지켜본 우리 학생들은 빈곤에서 벗어나는 문제가 단순히 모금을 통해 경제적인 지원을 해주는 것으로 해결될 수 없다고 판단했다. 도와주고자 하는 마음은 선(善)했으나 돕는 방법이 정(正)하지 못했던 것이다.

그렇다면 그 문제를 어떻게 해결하면 좋을까 하고 물었을 때 그 아이들은 해답을 찾기 위해 인터넷 세상으로 뛰어들었다. 자신들이 가진 정보와 데이터로는 좋은 해결 방법을 떠올리기 어려웠기 때문이리라. 그리고 며칠 뒤에 가지고 온 해답은 꽤 놀라웠다. 모금을 통해 모은 돈으로 그 친구들이 살고 있던 컨테이너 집을 개조해 '아름다운가게'를 운영하는 것이 좋겠다는 것이었다. 아름다운가게는 지역사회의 기부를 통해 물품을 모으고, 물품을 되팔아 얻은 수익을 불우한 이웃을 돕는 데 사용한다. 그 아름다운가게를 그 친구들을 돌보는 할아버지들이 직접 운영하게 하고, 얻은 수익은 월급처럼 사용하여 지속적인 경제활동을 할 수 있도록 하자는 것이었다.

또한 할아버지들을 위해 스마트벨을 집에 설치하여 몸이 불편한 할아버지가 언제든 병원 진료를 원격 또는 방문을 통해 받을 수 있도록 하고, 집 앞 마당에 작은 스마트팜을 설치하여 할아버지들이 건강한 식재료를 직접 재배할 수 있도록 하자고 제안했다. 중학교에 입학하여 학업에 매진해야 하는 첫째 손자의 방에는 얼굴인식을 통해 출입이 가능하도록 하고, 알코올의존증으로 치료가 필요한 할아버지가 냉장고에서 술과 같은 음료를 터치하면 막내 손자에게 신호가 자동으로 전달되어 이를 말릴 수 있게 하자는, 첨단 기술을 활용한 재미있는 아이디어들이 쏟아졌다. 그리고 이 아이디어들은 로봇을 통해 시뮬레이션으로 모두 구현되었고, 이 프로젝트로 RSC 대회에 참여해 전국에서 단 2개 팀에만 주어지는 스탠포드 대학 견학의 영광을 얻었다.

처음 이 프로젝트를 기획한 아이들이 나에게 기획서를 가지고 왔을 때만 해도, 좋은 아이디어지만 로봇으로 이 모든 아이디어를 구현할 수 있으리라 생각하지 못했다. 하지만 4개월가량

RSC 대회란?
함께 성장하는 3일간의 소프트웨어 캠프로, UN에서 정한 사회문제를 친구들과 토론하고 멘토링을 통해 해결 방법을 소프트웨어로 구현하는 캠프형 로봇 대회이다. 스토리텔링 아이디어 구상 방법을 체계적으로 배울 수 있고, 공유와 협업을 통해 소프트웨어, 인공지능, 로봇으로 만드는 세상을 경험하며 미래 핵심 역량을 기른다.

✔ RSC 대회 우승 후 견학한 스탠포드 대학 로봇랩실

주말마다 아침 9시면 학교 컴퓨터실에 모였고, 저녁 6시까지 프로젝트 구현에 집중했다. 덕분에 나 역시 주말에도 학교에 출근했고, 짜장면으로 점심을 해결하며 아이들과 프로젝트에 매달려 씨름해야 했다. 그러나 모든 것이 좋았다. 실패하고, 또 실패하였지만 하나씩 해결해나갈 때마다 함께 웃었고, 한 뼘씩 성장했다. 인간을 위한 따뜻한 기술, 세상을 이롭게 하는 기술은 그렇게 우리 아이들의 가슴속에, 나의 가슴속에 불꽃으로 남아 또 다른 에너지로 분해 세상을 살아가는 동력이 되어주었다.

3장 생각의 탄생, 융합하고 융합하라!

❶ 상상하면서 분석하고, 화가이자 과학자가 되자!

학부모 강의가 있을 때 나는 종종 이런 이야기를 하곤 한다. 학교를 들어가기 전에는 어른의 머리로는 도저히 이해가 되지 않는 상상의 언어들로 부모를 놀라게 하던 아이들이, 학교를 가는 순간 조금씩 상상의 언어를 잃어버리고 어느새 어른과 다르지 않은 언어를 사용하게 된다고. 부모는 그것에 기뻐한다. 말도 안 되는 상상의 언어 대신 사회의 언어를 사용하는 것이 아이가 성장한 결과라고 믿는다. 반은 맞고, 반은 틀리다. 사회의 언어를 익혀 규칙과 규율을 지키며 한 사회의 일원으로 자라고 있는 것은 맞다. 그러나 얼마든지 더 자랄 수 있었던 상상의 언어와 세계는 성장을 멈춘 것이다. 사회를 변혁시키고 혁신으로 이끌어갈 상상의 힘을 잃어버리게 된 것이다.

《생각의 탄생》이라는 책을 읽은 적이 있다. 융합 수업에 대한 고민을 할 때 읽었던 책이다. 그 책에 "상상할 수 없다면 창조할 수 없다"는 말이 있다. 존재하지 않는 것을 상상할 수 없다면 새로운 것을 만들어낼 수 없다는 의미다. 자신만의 세계를 창조해내지 못하면 다른 사람이 묘사하는 세계에 머무를 수밖에 없다. 그건 자기 자신의 눈이 아닌 다른 사람의 눈으로 세계를 보게 된다는 뜻이기도 하다. 상상력의 부재. 이것이 단순히 개인의 문제일까. 생산적인 사고는 내적인 상상과 외적 경험이 일치할 때 이루어진다고 한다. 교육과정에 명백히 제시되어 있는 우리의 교육 목표인 '창의적인 인재'를 키우고자 한다면, 우리는 아이들을 끊임없이 상상하게 만들어야 한다. 그리고 그 상상이 현실이 되는 경험을 학교에서 맛볼 수 있게 해야 한다.

초현실주의 화가인 데스몬드 모리스를 아는가? 그의 작품 속에는 상상 속에서나 떠올려볼 법한, 굉장히 기괴하고 낯선 생명체들이 등장한다. 하지만 그가 화가이자 동물학자라는 점을 떠올리면 그가 탄생시킨 작품의 세계가 조금은 이해가 된다. 그는 자유로운 상상력으로, 동물학자로서 자신이 가진 지성을 넘어서는 꿈을 꾸며 무의식의 세계를 해방함으로써 초현실적인 미를 창조한 것이 아닐까. 초현실주의자들은 "인간의 상상에 자유를 부여해야 한다"고 생각했다. 그의 내적인 상상력은 그가 현실에서 경험했던 동물학자로서의 지성과 결합하며 자유로운 초현실주의 작품으로 새롭게 탄생했던 것이다. 융합 교육을 해야 하는 이유가 바로 이것이라고 나는 생각한다. 학생들이 가진 내적인 상상력이 새로운 창조물로 꽃피기 위해선 다양한 교과의 지식과 만남을 가져야 한다.

❷ 인문학과 소프트웨어의 융합, 노블엔지니어링

이런 융합 교육에 대한 강조는 2015 개정 교육과정에서도 분명히 드러난다. 교육의 목표를 인문학적 상상력과 과학적 창의성, 그리고 바른 인성을 갖춘 창의융합형 인재 양성에 두고, 독서 교육과 연극 교육을 강화함으로써 인문학적 소양을 키워주고자 하며, 소프트웨어 교육을 도입하여 미래 사회에 대비한 과학적 창의성을 기르고자 한다. 하지만 현실의 학교에서 이런 융합 교육이 이루어지기란 쉽지 않다. 분절되어 있는 물리적인 교과 시간의 한계, 융합 교육에 대한 이해 부족, 교육과정·수업·평가의 일체화라는 측면에서 볼 때 융합 수업이 가지는 평가의 어려움 등, 이유는 정말 많다.

어떻게 하면 인문학적 소양과 과학적 창의성 둘 다 키워줄 수 있을까? 이런 고민을 한창 하고 있을 때 알게 된 것이 바로 노블엔지니어링(Novel Engineering)이었다. 융합 수업을 하고 싶은 선생님이라면, **컴퓨테이셔널 X**(Computational X) 시대라 불리는 지금의 융합 시대에 조금은 쉽게, 조금은 재미있게 접근해볼 만한 수업 방법이다. 알다시피 '노블'은 문학작품을, '엔지니어링'은 기존의 것을 새로운 것으로 변화시키는 공학을 의미한다. 미국 터프츠대학(Tufts University)의 CEEO(Center for Engineering Education and Outreach)에서 다년간 연구해온 프로젝트로, 독서 교육과 STEM 교육, 소프트웨어 교육을 융합한 새로운 교육 방법이다. 노블엔지니어링은 도서 선택, 문제 제기, 해결책 설계, 해결책 구현, 피드백, 업그레이드, 이야기 재구성의 7단계로 이루어진다.

각 단계를 다음 프로젝트 수업 예시를 통해 좀 더 자세하게 살펴보자.

먼저 전체적인 프로젝트 수업의 얼개를 만든 후 아이들에게 소개하고, 각 모둠에서는 어떤 주제를 연구하고 싶은지 결정하도록 하였다. 개방형 프로젝트로, 연구 주제에서부터 아이들이 스

컴퓨테이셔널 X란?

기존의 산업뿐 아니라 학문 분야도 컴퓨테이셔널 X 시대로 진화하고 있다. 예를 들면, 컴퓨터생명공학(Computational Biology), 계산통계학(Computational Statistics), 계산물리학(Computational Physics), 컴퓨터화학(Computational Chemistry) 등을 꼽을 수 있다. 지난 2010년에 미국의 컴퓨터공학자인 재닛 윙 교수는, 거의 모든 학문 분야가 컴퓨터와 연관이 되고 있으며, 컴퓨터를 적극 활용하여 과학기술, 인문, 사회, 법과 제도 등에서 광범위한 융합이 나타나고 있다고 주장했다.

프로젝트 주제	상상을 현실로 바꾸는 힘! 읽고, 생각하고, 표현하라!	
핵심역량	공동체 역량, 의사소통 역량, 지식정보 처리 역량, 창의적 사고 역량	
프로젝트 개관	모둠에서 연구하고자 하는 주제와 관련된 책을 찾아 읽고, 표현하고 싶은 장면을 로봇을 활용한 시뮬레이션 수업으로 진행하고자 한다. 이는 노블엔지니어링에서 추구하는 독서 교육과 소프트웨어 교육이 융합된 새로운 융합 공학 교육으로서, 학생은 모둠 친구들과 함께 연구하고자 하는 주제와 관련된 책을 돌려 읽고, 책 속 인물의 삶을 재조명하거나 발견한 문제 상황을 해결할 수 있는 방법을 생각해본다. 그리고 표현하고 싶은 장면을 역할 시나리오로 표현한 뒤 레고 위두 2.0, 햄스터 등의 교구를 활용, 직접 조립하고 코딩하여 시뮬레이션 작품을 구현한다. 구현한 작품을 전체 학생들과 공유하고, 인물 또는 사건을 각 모둠에서는 어떻게 해석하고 어떻게 표현하였는지 비교함으로써 창의적인 아이디어를 교류할 수 있도록 한다.	
세부 프로젝트 내용	우리가 생각하는 문제, 우리가 표현하고 싶은 세상!	- 관련 도서 읽기 - 인물, 사건에 대한 토의토론 활동하기 - 표현하고 싶은 장면 설정 및 역할 시나리오 작성하기 - 로봇 조립 및 코딩하여 시뮬레이션 구현하기 - 공유 및 성찰하기

✔ 프로젝트 수업 예시

스로 선택하도록 한 것이다. 그렇게 5개 모둠으로부터 연구 주제를 받았는데, 역시 아이들은 예상을 벗어났다. 정말 생각지도 못했던 주제들을 꺼내놓고 신나 있는 모습을 보니 그냥 웃음이 났다. 본인들이 원하는 주제, 연구하고 싶은 주제를 선택하는 것은 좋은데, 그 연구 주제를 어떻게 풀어갈 것인지에 대해 과연 얼마큼 생각을 했을까 궁금했다. 핏대를 올려가며 자신들은 어떻게 할 것인지를 이야기하는 아이들의 모습을 보면서 '그래, 한번 해보자' 싶었다. 실패하면 어떤가. 그 속에서도 우리 아이들은 충분히 배

모둠	아이들이 직접 선정한 연구 주제	관련 도서 신청
1모둠	아기 돼지 3형제가 지은 집은 정말 튼튼했을까?	《늑대가 들려주는 아기 돼지 3형제 이야기》
2모둠	외계인을 만나려면?	《외계인 사냥꾼을 위한 친절한 안내서》
3모둠	로봇이 잘할 수 있는 일은 무엇일까?	《로봇 시대 미래 직업 이야기》
4모둠	Her story! 그녀의 삶에 들어가다!	《유관순의 태극기》
5모둠	누가 누가 제일 빠를까?	《내일은 실험왕 38: 속도와 속력》

✔ 학생들이 선정한 프로젝트 주제와 관련 도서

워나갈 것인데.

이렇게 연구하고 싶은 주제를 정하고 관련된 책을 찾았으니, 이제 책을 읽어야 한다. 노블엔지니어링에서 말하는 1단계 책 읽기에 해당한다고 할 수 있겠다. 다행히 5권 중 3권은 이미 학교 도서관에 있는 책이어서 2권의 책만 구입하여 모둠에 주고, 1주간의 시간을 주었다. 모둠에서는 돌려 읽기를 통해 책을 읽고, 그 책을 읽으면서 책 속 인물의 삶을 정리하거나 발견한 문제 상황을 인지하고 정의하는 작업부터 시작하였다. 사실 이 단계에서 제일 중요한 것이 바로 아이들이 선정하는 '문제'의 성격이다.

문제라는 것은, '어떻게 되면 좋겠다(should be)'라는 이상적인 모습이 존재하는데 실제 현실은 그 목표를 달성하지 못하는 간극에서 발생한다. 따라서 이 차이를 없애주는 것이 '문제해결'이라 할 수 있다. 그런데 소프트웨어 교육에서 말하는 문제는, 그 문제를 컴퓨터로 해결했을 때 훨씬 더 쉽게, 잘 해결할 수 있는 문제, 즉 계산 가능한 형태의 문제여야 한다. 즉 노블엔지니어링에서 말하는 2단계 문제 제기이다. 이 2단계부터 본격적으로 아이들의 컴퓨팅 사고력을 키워줄 수 있는 요소들이 들어가는데 이를 단계별로 살펴보면 다음 표와 같다. 문제를 정의하는 단계에서부터 해결하고자 하는 핵심 문제를 추출하고, 주변적이거나 불필요한 부분들은 과감히 제거하는 추상화 사고가 필요하다.

예를 들어 4모둠에서 선정한 주제인 'Her story! 그녀의 삶에 들어가다!'에 관련된 책인 《유관순의 태극기》를 읽었다면, 책

노블엔지니어링	컴퓨팅 사고력
2단계 문제 제기	추상화
3단계 해결책 설계	문제 분해, 알고리즘
4단계 해결책 구현	알고리즘, 추상화
5단계 피드백	추상화, 논리적 분석
6단계 업그레이드	추상화, 일반화
7단계 이야기 재구성	논리적 분석

✔ 노블엔지니어링의 각 단계와 컴퓨팅 사고력의 관계

속에 있는 많은 사건들 중에서 역사적으로 가장 의미 있는 장면, 또는 해결하고 싶거나 표현하고 싶은 장면을 선정해야 한다. 이때 필요한 사고가 바로 추상화 사고라 할 수 있겠다. 다른 모둠의 경우도 살펴보자. 2모둠의 선정 주제인 '외계인을 만나려면?'에 관련된 책《외계인 사냥꾼을 위한 친절한 안내서》를 읽고 추출할 수 있는 핵심 문제는 '외계인을 포획하려면 무엇이 필요한가?' 또는 '외계인을 만나려면 어떤 방법이 가장 효과적인가?' 같은 것이다. 이런 모든 과정에서 아이들이 토의토론을 통해 스스로 생각하고 결정해야 하는 것도 중요한 부분이다.

다음은 3단계 해결책 설계이다. 문제를 해결하기 위한 아이디어를 모으고 알고리즘을 설계해야 한다. 예를 들어 4모둠에서는 역사적으로 가장 의미 있는 장면으로, 유관순이 아우내장터에서 만세운동을 하던 그날을 선정하였다. 이 장면을 표현하기 위해서 먼저 어떤 인물의 등장이 필요한지, 배경은 어떻게 꾸밀 것인지, 유관순의 움직임과 이를 잡으려 하는 일본 순사는 어떻게 표현할 것인지를 정해야 한다. 문제를 해결 가능한 형태로 분해하고, 각각의 알고리즘을 설계하는 과정이 필요한 것이다. 4모둠 아이들은 유관순을 레고 위두 2.0으로 조립하여 표현하고자 하였다. 또한 이를 잡는 순사들은 햄스터 로봇으로 표현한다 했다. 그 결과가 어떻게 나올지 궁금했다.

    1모둠의 경우는 첫째 돼지, 둘째 돼지, 셋째 돼지의 집을 각각 다른 재료로 만들어 표현하고, 이를 무너트리기 위한 늑대 로봇을 레고 위두 2.0으로 조립하되, 동일한 힘으로 밀었을 때 각각의 집이 얼마나 견딜 수 있는지, 진짜 무너지는지를 확인하고 싶다 했다. 이들이 선정한 문제는 '아기 돼지들의 집은 진짜로 무너졌을까'로, 이 문제를 해결하기 위한 방법으로서, 늑대의 미는 힘은 동일하게 가해지도록 로봇 팔이 물체를 미는 세기를 통제하되 집을 만드는 재료를 달리한다는 아이디어를 제시했다. '로봇이 잘할 수 있는 일은 무엇일까?'를 연구 주제로 삼은 3모둠은《로봇 시대 미래 직업 이야기》에서 읽은 미래 직업 중 택배 로봇을 표현한다고 했다. 문제를 '어떻게 하면 택배 배달을 빨리 끝낼 수 있을까?'로 정하고, 이 문제를 해결하기 위한 방법으로서, 택배 로봇이 움직이는 거리를 계산해 가장 빨리 일을 끝내는 이동 경로를 찾겠다고 했다.

이렇게 나름의 아이디어와 해결 전략으로 4단계 해결책 구현으로 넘어갔다. 필요한 배경을 그리거나 만들고, 로봇을 조립하고, 이 로봇에 필요한 움직임을 코딩하는, 그야말로 본격적인 문제해결이 시작된 것이다. 역할을 나누어 일사천리로 문제를 해결하는 모둠도 있지만, 시작부터 의견 충돌이 발생하는 모둠도 생긴다. 협력적 문제해결 활동에서 아이들의 의사소통 과정은 매우 중요한 부분이다. 서로의 다른 생각을 하나의 생각으로 만들기 위해서는 친구의 말을 잘 들어주는 능력, 자신의 의견을 잘 전달하는 능력이 무엇보다 필요하다. 프로젝트 학습의 전 과정에서 이런 능력들이 요구되며, 그 과정에서 의사소통 능력은 물론 사회적 관계 능력이 키워질 수 있다. 2015 개정 교육과정에서 창의융합형 인재를 기르는 요소에 인문학적 상상력과 과학적 창의성 외에 바른 인성이 들어가는 이유도, 바로 이런 협력적 문제해결의 과정에서 요구되는 정의적(情意的)인 태도와 인성이 중요하기 때문이다.

5단계에서는 이렇게 완성된 작품들을 서로 공유하는 시간을 가진다. 각 모둠에서 어떤 주제를 어떻게 표현하였는지를 살펴보는 이 시간은 4단계 해결책 구현만큼이나 중요하다. 자신이 미처 생각하지 못한 친구들의 기발한 아이디어는 아이들의 학습 동기를 자극할 뿐 아니라 사고의 확장을 이끌어줄 수 있는 좋은 계기가 된다. 이 과정에서 자연스럽게 서로의 작품에 대해 이야기를 나누는 피드백이 이루어지는데, 친구들의 작품에 칭찬도 아끼지 않아야 하지만, '이런 방법으로 바꿔도 좋을 것 같다'는 조언도 아끼지 않도록 한다. 때로는 교사의 피드백보다 친구 간의 피드백이 더 유용하기 때문이다. 그리고 마지막으로 교사와 친구의 피드백을 반영해 작품을 개선하는 시간을 가진다.

✔ 프로젝트 작품
1모둠   2모둠
3모둠   4모둠
5모둠

"교사의 임무는 독창적인 표현과 지식의 희열을 불러일으켜주는 것이다."(아인슈타인)

'학생들의 창의적 사고력을 키워줄 수 있는 수업을 했는가?' '학생들에게 충분히 생각할 시간을 주었는가?' '해결해야 할 문제에 집중하고, 문제해결 전략을 고민하는 수업이었는가?' '세상을 따뜻하게 만들 수 있는 기술에 대한 고민이 있었는가?' '학생들이 즐겁게 수업에 참여했는가?' 꼬리에 꼬리를 무는 질문들. 언제나 그렇듯이 어떤 부분은 잘되었고, 어떤 부분은 아쉽다. 모든 아이들이 매시간 수업에 집중하고 스스로의 힘으로 힘차게 나아가면 좋겠지만, 4~5명이 함께하는 프로젝트 수업에서 어떤 친구들은 다른 친구의 생각을 그대로 따라가려 들고, 생각이라는 것을 하려는 의지가 아예 없는 친구도 있다. 좋은 수업에 대한 교사의 고민은, 어쩌면 평생 짊어지고 가야 할 문제가 아닐까 싶다.

❸ 교과, 소프트웨어를 만나다!

이렇게 노블엔지니어링이 가진 인문학과 소프트웨어 교육의 만남이라는 치명적인 매력(?)에 빠져 한동안 프로젝트 수업을 많이 했지만, 사실 많은 선생님들로부터 요청받았던 것은 실제 학교 수업에서 각 교과와 소프트웨어 수업을 어떻게 융합하느냐는 것이었

구분	교과 내 융합	교과 간 융합
영역	기술 활용	기술 시스템
교육 방법	기술 시스템 영역　기술 활용 영역	SW 교육　국어　수학　주제　과학　사회
교수학습 방법 및 유의사항	소프트웨어를 활용하여 로봇을 작동시켜 소프트웨어와 로봇을 연계하여 지도하도록 한다.	컴퓨팅적인 사고는 소프트웨어 교육에 국한되는 것이 아니므로 국어, 사회, 수학, 과학 등 다양한 교과에도 반영하여 지도한다.

✔ 소프트웨어 교육과 융합 교육

다. 2015 개정 교육과정에서는 소프트웨어 교육과 연계한 융합 교육에 관하여, 교과 내 융합으로서 소프트웨어 교육과 로봇 교육을 연계해 피지컬 컴퓨팅을 실시하고, 교과 간 융합으로서 주제를 중심으로 각 교과와 소프트웨어 교육을 연계하여 지도하라고 제시하고 있다.

예를 들어 6학년 1학기 2단원인 '지구와 달의 운동'에서는 지구의 자전과 공전에 대해 배운다. 이는 과학을 주제로 하지만, 지구의 자전과 공전 모습을 로봇으로 시뮬레이션하는 소프트웨어를 만들어볼 수 있다. 즉 과학적 지식을 활용하되, 소프트웨어 기술로 로봇과 연계함으로써 피지컬 컴퓨팅 활동까지 가능하게 하

✔ 과학과 소프트웨어 교육의 만남

는 융합 교육인 셈이다.

수학의 경우도 소프트웨어 교육과 융합하여 수업하기에 좋다. 컴퓨터가 제일 잘할 수 있는 일이 계산이다 보니 시계 프로그램을 만들어 시각 읽기를 지도해도 좋고, 덧셈이나 뺄셈을 대신해주는 프로그램을 만드는 과정에서 자연스럽게 덧셈과 뺄셈을 익히게 하는 것도 괜찮다. 다음 예시는 수학에서 학생들이 어려워하는 '단위 변환'을 배울 수 있는 프로그램이다. 미터를 센티미터로, 센티미터를 미터로 자동으로 바꿔주는 프로그램을 만드는 과정 속에서 수학적 지식을 자연스럽게 습득할 수 있다.

사회의 경우도 다양한 주제와 소프트웨어를 융합하여 수업을 계획할 수 있다. 예를 들어 3학년 2학기 3단원 '가족의 형태

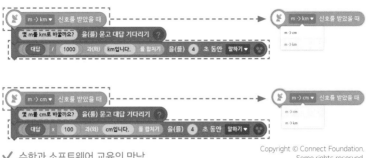

✓ 수학과 소프트웨어 교육의 만남

Copyright © Connect Foundation.
Some rights reserved.

와 역할 변화'에서는 옛날과 오늘날의 가족 형태를 비교하는 프로그램을 만들며 차시 학습을 재미있게 구성할 수 있다. 이 차시 주제는 6학년 실과에서 다루는 '나와 가족'에서 가족의 관계 및 역할을 알아볼 때 양성평등의 개념과 함께 다룸으로써 학년을 아우르고 교과를 아우르는 융합 수업으로도 구성할 수 있으니, 그 깊이와 넓이를 소프트웨어를 통해 얼마든지 확장시킬 수 있음을 알 수 있다.

❶ 모두를 위한 인공지능 교육

소프트웨어 교육이 선도학교를 넘어 일반 학교에 적용된 지 한 해
만에 학교 현장은 다시 인공지능 교육 이야기로 뜨겁다. 그것도 초
등학교 1학년부터 인공지능 교육이 시작된다 하니 정보 교과조차
없는 초등학교 현장은 그야말로 혼란스럽다. 인공지능이 무엇이
길래 이리도 '핫'한 것일까. 인공지능은 쉽게 말해 인간의 지적 능
력을 컴퓨터로 구현하는 과학기술이다. 단순히 최첨단 기술로서
끝이 아니라, 산업과 사회 구조 전반에 광범위한 변화를 불러일으
키는 혁신이자 미래 사회를 이끌어갈 핵심 동력이라 할 수 있다.

이미 우리 사회는 인공지능 사회로 접어들었다. 사람과 자연스럽게 소통하며 상담해주는 챗봇도 인공지능의 기술로 구현한 것이며, 학생들의 학습 습관을 분석해 어떤 부분이 약한지, 어떤 콘텐츠로 공부하면 도움이 되는지 추천해주는 EBSi 단추 플랫폼도 인공지능 기술에 기반한 시스템이다. 인공지능 화가 빈센트가 그린 작품을 보며 감탄하고, 인공지능 스피커가 들려주는 날씨 정보, 교통 정보에 귀 기울인다. 이런 세상에 살고 있기에 인공지능 교육은 소수의 엘리트만을 위한 교육이 아니라 모두를 위한 교육이 되어야 한다고 강조하는 것이다.

그렇다면 인공지능 교육은 어떻게 이루어질까? 정보교육 종합계획에 따르면 초등학교 1학년에서 4학년까지는 ICT 활용 교육을, 5~6학년은 정보, 인공지능 교육을 체계적으로 실시한다고 한다. 중학교에서는 현재의 정보 수업 시간보다 시수를 확대하고, 고등학교에서는 인공지능기초, 데이터과학과 같은 다양한 과목을 신설하여 학생의 진로, 진학 설계에 따라 심화학습이 가능하도록 여건을 조성한단다. 특히 초등학교에서는 놀이와 체험 중심의

정보교육 종합계획
2020년 5월 교육부에서는 지능정보사회의 소양을 갖추고 세계를 선도하는 인재를 양성하기 위해 제1차 정보교육 종합계획을 발표했다. 미래 핵심 역량을 갖춘 학생, 전문적 역량을 갖춘 교원, 미래형 교육 환경, 체계적 교육 기반, 모두가 참여하는 교육, 모두가 누리는 문화라는 6가지 목표와 그에 따른 세부 계획을 제시하고 있다.

교육을 통해 인공지능 소양을 키울 수 있도록 하고, 중학교에서는 인공지능의 원리 이해와 실생활 적용, 고등학교에서는 인공지능 원리 습득과 교과융합으로 나아간다고 하니 인공지능 교육의 큰 틀은 엿볼 수 있겠다.

하지만 현장 교사의 입장에서 볼 때 이 정보교육 종합계획은 아직 구체적인 내용을 담고 있지는 않아 아쉽다. 현장에서는 교육이 실제로 이루어져야 하기 때문에 크게 두 가지 측면에서 보다 명확한 지침이 필요하다. 첫째는 인공지능 교육에 대한 시수 문제로, 특히 초등의 경우 정보 교과가 없기 때문에 어느 교과에서 몇 시간이나 수업을 해야 하는지 또는 할 수 있을지가 파악되어야 한다. 물론 교육과정 재구성에 대한 재량이 있으니 각 교과 또는 창의적체험활동 시간을 활용해 인공지능 교육을 할 수는 있다. 하지만 각 교사마다 시수도, 교과도 다 다르다면 체계적인 정보 교육, 인공지능 교육을 하겠다는 정부의 지침이 무색해지지 않을까.

둘째는 인공지능 교육의 내용에 대한 문제이다. 이 역시 교과가 없기 때문에 아직 교과서 또는 참고할 만한 교육 자료가 없다. 인공지능 교육 선도학교에서 가장 어려워하는 점이 바로 이것이다. 소프트웨어 교육 초기에도 똑같은 문제를 겪었고, 이후 초등의 경우 6학년 실과 교과서에 소프트웨어 교육 내용이 한 단원 포함되었다. 그런데 인공지능 교육을 비롯한 새롭게 시작되는 정보 교육은 초등학교 1학년부터 시작된다고 하니 그 범위와 내용이 넓을 뿐 아니라 체계적이어야 한다.

아울러 무엇을 가르칠 것인가에 대한 문제도 고민해야 할 부분이다. 인공지능 교육의 범위를 어디까지 볼 것인가. 인공지능 자체에 대한 이해 교육, 인공지능 기술을 활용한 활용 교육, 인공지능 기술을 활용한 소프트웨어 교육, 인공지능 기술이 접목된 교수학습 도구를 활용한 교육까지……. 그 범주에 대한 고민도 만만치 않다.

그래서 몇몇 선생님들과 마음을 모아 현장 교사들이 참고할 만한 인공지능 교육 자료를 만들어보았다. 초등컴퓨팅교사협회는 초등학교 선생님들 중 정보 교육을 연구하고 좋아하는 선생님들이 모여 만든 전국 단위의 비영리재단이다. 교사연구회로 시작되어 지금은 전국 15개 지부, 3000명이 넘는 선생님들이 함께 활동하고 있다. 이곳에서 나는 연구개발팀장을 맡아 정보 교육과

✔ 초등컴퓨팅교사협회에서 발행한, 모두를 위한 인공지능 교육 교재

관련된 콘텐츠 제작을 주도하고 있어, 앞에서 소개한 소프트웨어 교육이나 융합 교육과 관련된 교재를 만들고 무료로 공유한다. 여기 소개한 인공지능 자료 역시 그 맥락에서 내놓은 작업물이다.

《우리의 행복은 몇 테라일까요?》는 총 8개의 데이터과학 관련 주제 중 하나다. 인공지능이 오늘날 이렇게 똑똑하게 발전한 것은 빅데이터 시대의 막대한 데이터가 있었기에 가능했다. 따라서 우리가 인공지능 교육이라고 했을 때 인공지능이 무엇인지, 머신러닝의 원리가 어떻게 되는지 아는 것도 중요하지만 그 밑단에 있는 데이터과학에 대한 학습도 간과해서는 안 된다. 어릴 때부터 우리 학생들이 데이터를 수집하고 분석해 어떤 의미를 추출해낼 수 있는 과정, 즉 데이터를 다룰 줄 아는 데이터 리터러시 역시 필요한 부분이다. 그래서 이러한 부분들을 놓치지 않고 기를 수 있도록 기획된 데이터과학 시리즈 책이라 할 수 있다. '소프트웨어야 놀자(https://www.playsw.or.kr/)'에서 누구나 무료로 내려받아 수업에 활용할 수 있다.

《엔트리와 함께 인공지능의 세계로》와 《데이터와 함께 하는 엔트리 여행》은 초등학생에게 익숙한 블록형 프로그래밍 언어인 엔트리의 인공지능 블록과 데이터분석 블록을 활용하는, 인공지능 활용 소프트웨어 교육 교재이다. 인공지능의 영상인식 기술, 음성인식 기술을 활용해 시각장애인들의 보행을 돕는 프로그램을 만들 수 있을 뿐 아니라, 얼굴 데이터의 패턴을 인식해 감정을 판단하는 프로그램도 만들어볼 수 있다.

장애물을 알려주는 AI 안내견을 만들어 봅시다.

상황	명령어 블록
장애물이 없으면 이동하기	

카메라에 사물이 (인식되면 / 인식되지 않으면), 오브젝트를 이동한다.

장애물이 없으면 이동하기	

카메라에 사물이 (인식되면 / 인식되지 않으면), 강아지 짖는 소리를 재생한다.

✓ 시각장애인의 보행을 돕는 인공지능 프로그램

Copyright © Connect Foundation.
Some rights reserved.

인공지능의 핵심이라 할 수 있는 머신러닝의 원리도 체험해볼 수 있다. 머신러닝은 쉽게 말해 기계를 공부시킨다는 뜻이다. 기계를 공부시키는 방법에는 지도학습, 비지도학습, 강화학습 등이 있는데, 지도학습은 말 그대로 정답을 알려주면서 공부시키는 방법이다. 이제 막 말문이 트인 아이를 가르칠 때 우리는 그림 카드를 많이 사용한다. 기린 그림이 있는 카드를 보여주고 아이에게 '기린'이라고 알려준다. 그리고 돼지 그림이 있는 카드를 보여주고 '돼지'라고 알려준다. 여러 번 알려준 뒤 아이에게 돼지를 찾아보라고 하면 아이는 돼지가 그려진 그림 카드를 가리킬 것이다. 이런 방법으로 기계, 즉 인공지능을 학습시키는 것을 지도학습이라고 한다. 엔트리에서 제공하는 '모델 학습하기' 기능이 바로 머신러닝의 지도학습 원리를 적용한 것으로, 이미지 데이터, 음성 데이터 등을 제공해 무엇인지 알려주며 학습시킨다. 이렇게 학습시켜서 어떤 이미지나 음성을 구분할 수 있는 모델이 만들어지면 이를 활용해 소프트웨어를 만들어볼 수 있다.

예를 들어, 동물의 얼굴을 학습시키고 이를 활용해 얼굴로 출석을 체크하는 '동물 얼굴 출석부' 프로그램을 들 수 있다. 각 동물의 이미지 데이터를 수집하여 토끼, 기린, 코끼리 등 이름을 붙여 학습을 시키면 각 동물의 얼굴을 구분하는 머신러닝 모델이 만들어진다. 이를 활용해 동물의 얼굴을 보여주었을 때 해당 동물이 무엇인지 판단해 출석하였음을 알려주는 프로그램이다. 현실에서 얼굴인식을 통해 잠금장치를 해제하거나 출석 또는 출근하였음

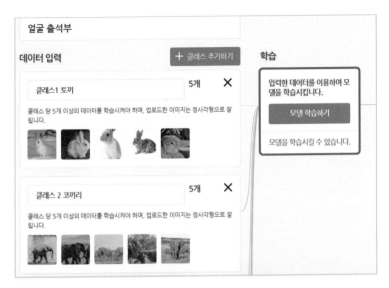

✔ 엔트리의 머신러닝 학습 기능을 통해 만든 '동물 얼굴 출석부' 프로그램

을 확인하는 인공지능 프로그램과 같은 원리로 만들어졌다. 실생활 속에서 접하고 있는 다양한 인공지능을 직접 만들어볼 수 있으니 이것이야 말로 삶과 배움이 일치하는 교육이 아닐까? 이와 같은 인공지능 프로그램을 만들어보고 싶다면 협회 홈페이지(http://hicomputing.org/)에서 모두를 위한 인공지능 교육 무료 교재를 찾아 다운로드하여 활용해보자. 교사 인증만 받으면 누구나 활용 가능하므로 인공지능 교육을 처음 해보는 선생님이라면 참고해보는 것도 좋겠다.

❷ 온라인 라이브 강의로 시작된 인공지능 교육

이렇게 인공지능 교육에 대한 고민을 하면서 교재도 만들어보았지만, 코로나19 사태로 등교 수업이 중지되자 모든 관심은 일순간 온라인 수업에 집중되었다. 전국의 선생님들이 온라인 학급을 운영해야 했고 실시간 스트리밍 도구를 활용한 온라인 수업을 준비하게 된 것이다. e학습터, EBS 온라인 클래스, 위두랑 같은 국내 플랫폼에서부터 구글클래스룸, MS팀즈와 같은 국외 플랫폼까지 소개가 되면서, 어떤 플랫폼으로 온라인 학급을 운영할지 갑론을박하느라 학교 현장이 잠시 어수선했다. 그뿐이랴. 쌍방향 온라인 수업을 두고도 구글미트, 줌, 웹엑스, 유튜브 라이브 등 어떤 프로그램이 안정적인지, 기능적으로 편리한지 알아가기에 바쁜 나날

이 계속되었다.

사실 어떤 도구든 장단이 있기 마련이고, 교사와 학생의 상황에 따라 적절하게 선택하면 된다고 생각한다. 나의 경우 에드위드(edwith) 라이브 강의를 선택했다. 유튜브 라이브와 같은 형태라 쌍방향의 상호작용은 댓글로만 가능하다. 그럼에도 이것을 선택한 이유는 데이터 주권에 대한 우려 때문이다. 데이터 주권이란 자신이 데이터를 보호하고 공정한 계약하에 사용 방법, 목적을 결정하는 권리로 정의할 수 있는데, 클라우드 컴퓨팅 분야에서는 디지털 형식으로 저장된 데이터에 그 저장 장소가 있는 국가의 법률이 적용된다는 개념으로 사용된다.

그런데 해외 기업의 교육 플랫폼을 사용하다 보면 우리 학생들의 수많은 교육 데이터가 해외 클라우드에 저장된다. 현행 개인정보보호법은 정보 주체의 '동의'만 있으면 얼마든지 개인정보를 해외로 이전할 수 있다. 2018년 개인정보 보호 실태 조사에 따르면, 정보 주체의 70퍼센트가 동의 내용을 확인하지 않고 무의식적 '클릭'만 연발한다고 한다. 페이스북이나 구글에 개인정보를 제공하면서 그 처리에 대한 사항을 꼼꼼히 숙지한 국민은 거의 없을 것이다. 현행법은 자국민 개인정보 국외 유출을 오로지 형식화·형해화된 개인적 '사전 동의'에만 맡겨둔 채 방치하고 있다고 해도 과언이 아니다.

나 역시 구글과 페이스북을 열심히 활용하고 있는 사용자로서, 글로벌 시대에 우리나라 것만을 사용해야 한다고 고집하는 입장은 분명 아니다. 다만, 다가오는 미래에, 아니 현재 경제 생태계에서 데이터와 국력의 관계가 비례하고 있다는 관점에서 볼 때 우리가 좀 더 데이터 주권에 대한 경각심과 민감성을 가질 필요는 있다고 본다. 무심코 활용하는 해외 교육 플랫폼을 통해 우리 학생들의 소중한 개인 데이터뿐 아니라 우리의 교육 데이터가 무분별하게 해외로 유출되어 그들의 국력만 키워주는 꼴이 되어서는 안 되지 않을까.

또한 데이터를 기반으로 한 경제적 종속 문제 역시 간과할 수는 없다. 그런 의미에서 에드위드는 국내 네이버 '커넥트재단'에서 운영하는 MOOC(Massive Open Online Course) 플랫폼으로, 언제 어디서나 누구든지 원하는 교육을 받을 수 있도록 서비스를 제공하고 있다. 소프트웨어 코딩의 기초 개념은 물론 웹, 모바일 개발 및 인공지능 강좌를 제공하고 있으며, 과학기술 특성화 대학 및 소프트웨어 중심 대학의 강좌가 더 많은 사람들에게 나누어지도록 교육 기회를 제공한다.

나는 에드위드에 온라인 강의를 개설하고 실시간 수업을 시작하였다. 우리 아이들은 유튜브 라이브 방송처럼 웹캠이나 노트북이 없이도 온라인 강좌에 접속해 선생님의 얼굴을 보고 실시간 댓글로 인사하고 질문하며 강의를 듣는다. 쌍방향 소통이 가능한 줌이나 미트를 사용하는 경우에도 강의 진행상 편의를 위해 오디오를 모두 꺼놓게 한다는 점에서 보면, 에드위드를 활용한 강의와 큰 차이가 없다고 판단되었다. 또한 에드위드의 경우 라이브 강의가 끝나면 자동으로 영상이 녹화되어 해당 강좌에 자동 저장되므로 아이들이 언제든 접속하여 다시 영상을 볼 수 있다.

그렇게 처음 며칠 동안은 원격 수업 시간표대로 국어, 수학, 사회, 과학 등의 교과 강의를 이어갔다. 그런데 아직 아이들의 얼굴도 보지 못했고 댓글로만 아이들을 접하다 보니 수업이 심심하게 느껴졌다. 온라인상이지만 뭔가 특별한 수업을 통해 우리 아이들과 좀 더 가까워지고 싶었다. 떠오르는 아이디어는 바로 인공지능 특별 수업이었다. 인공지능 교육을 아직 한 번도 접해보지 못한 친구들이기에 '인공지능 특별 수업'이라는 이름만으로도 동기를 부여할 수 있지 않을까 생각한 것이다.

인공지능 교육도 처음이고 온라인 교육도 처음이라 강좌를 어떻게 구성해야 할지 고민이 되었다. 아이들이 스스로 작품을 만들고 공유까지 해야 하는데, 27명이라는 한 학급 인원 수는 너

✔ 에드위드를 활용한 라이브 강의

Copyright © Connect Foundation.
Some rights reserved.

무 많았다. 그래서 2개 반으로 나눈 뒤 1반은 실시간 라이브 강의로, 2반은 영상 녹화반 강의로 진행하였다. 원격 수업의 장점 중 하나가 시간과 공간의 제약을 받지 않는다는 점이다. 실시간 라이브 강의는 현장감이 있어서 좋은데, 시간을 맞추기 어려운 친구들은 영상 녹화반 강의를 들을 수 있도록 한 것이다. 어떤 친구들은 시간이 딱 정해진 실시간 라이브 강의를 선호하였고, 어떤 친구들은 그날 언제든 원하는 시간에 볼 수 있는 영상 녹화반 강의를 선호하였다.

그리고 엔트리의 다양한 인공지능 기술을 하나씩 활용한 프로그래밍 수업을 진행하고, 마지막 시간엔 자신의 작품을 소개하도록 하였다. 자신의 작품을 소개하는 발표 영상을 제출한 친구의 경우 해당 영상을 보여주고 실시간 댓글로 반응을 확인했다. 영상이 아닌 작품을 제출한 친구의 경우 해당 작품을 실행해 보여주고 역시 실시간 댓글로 여러 친구들의 반응을 확인하였다. 이전 강의에서는 주로 강의자인 내가 아이들에게 인공지능의 개념과 원리를 설명하고 인공지능 프로그램을 만드는 시범을 보여주는 형태로 진행되었기에 불편함이 없었지만, 아이들이 제출한 작품을 발표하는 마지막 시간엔 줌과 같이 쌍방향이 아닌 점이 다소 아쉬웠다.

첫술에 배부를 순 없다. 인공지능 교육도 처음이고 온라인 교육도 처음이다 보니 교수자인 나도, 학습자인 우리 반 아이들도 능숙하지 못한 게 당연했다. 지금은 온라인 교육용 플랫폼인 에드위드를 비롯한 여러 에듀테크 기업들도 생각지 못한 문제에 직면하고 있고, 이를 어떻게 해결할지 방법을 하나씩 찾고 있는 과정이다. 뉴노멀 시대, 포스트 코로나 이후의 역할이 더 중요한 시점이 이렇게 우리에게 찾아온 것이다.

❸ 코로나 이후에 우리는? 컴퓨팅으로 꿈꾸는 미래 교실

하루가 멀다 하고 미래 교육에 대한 이야기가 쏟아진다. 그런데 가만히 그 속을 들여다보면 무엇이 미래 교육인지 잘 모르겠다. 어떤 이는 최첨단 설비를 갖춘 미래 공간을 미래 교육으로 이야기하고, 어떤 이는 지금 한창 물오른 온라인 수업이 우리 미래 교육의 전부인 것처럼 이야기한다. 나에게 미래 교육이 무엇인지 묻는다면 나는 어떻게 대답할까? 솔직히 잘 모르겠다. 교육에 정답이 있으면 참 좋으련만, 학교 현장에 있으면서 내가 느낀 교육에는 정답이 없었다. 아이에 따라 교실 상황에 따라 주변 환경에 따라 가지각색으로 변하는 것이 교육이었다. 지금 학교 현장에서 정착되어가는 온라인 수업을 보면, 한편으로는 코로나19가 가져다준 '교육혁명'이 될 수도 있겠지만 소외된 아이들에게는 '교육 재앙'이 될 수도 있겠다는 생각도 든다.

　　교사로서 이런 말을 하기가 부끄럽지만, 학교 현장에 있다 보면 상위 30퍼센트의 아이들은 내가 열과 성을 다해 가르치든 그러지 않든 알아서 잘한다. 정녕 내가 필요한 아이들은 하위 30퍼센트의 아이들이다. 가정으로부터 돌봄을 받지 못하는 아이들, 학교가 아니면 배움을 채울 수 없는 아이들에게 학교는, 그리고 나라는 교사는 전부가 될 수 있다. 그런데 온라인 수업에서는 이런 학교의 존재, 교사의 존재가 미치는 영향력이 오프라인 수업에서보다 덜함을 느낀다. 결국 이 문제를 해결하기 위해서 자기주도적 학습력을 키워야 하는데, 채 그것을 키우기도 전에 방치되는 아이들이 발생하는 것이다. 정보 교육 격차가 학력 격차로 이어지고, 이것이 결국 빈부 격차로 이어지면서 계층 간 갈등이 커질 수밖에 없게 된다. 온라인 수업과 오프라인 수업이 서로의 장점을 잘 찾아 조화를 이루는 것이 꼭 필요한 순간이라 할 수 있겠다.

"교육은 세상을 바꾸기 위해 당신이 사용할 수 있는 가장 강력한 무기이다."(넬슨 만델라)

세상은 과거에도 변했고 현재도 변하고 있으며 미래에는 더욱 빠르게 변할 것이다. 교육 역시 세상이 변하는 속도에 따라, 그 세상이 요구하는 인재를 키우기 위해 변해왔다. 지금의 세상은 컴퓨팅이라는 막강한 힘에 의해 부와 가치가 창출되다 보니 때로는 소프트웨어 교육을 요구하기도 하고 때로는 인공지능 교육을 요구하기도 한다. 외국에서는 코딩 교육이라고도 하고 CS 교육이라고도 한다. 그 이름이 무엇인가는 크게 중요하지 않다. 중요한 것은, 우리가 꿈꾸는 현재의 교육, 미래 교육의 중심에서 컴퓨팅이 차지하는 비율이 당분간 매우 높으리라는 점이다.

또 다른 세상이 오면 그 세상을 움직이는 무엇인가에 의해 교육은 또다시 진화하게 될 것이다. 그 속에서 우리 교사의 역할은, 변하는 세상에 대한 민감성과 통찰력을 가지고 우리 아이들에게 세상의 변화를 제대로 바라볼 수 있는 눈을 키워주는 것이다. 그 과정에서 소외되는 아이들이 없도록, 정보 교육의 격차가 그 아이의 인생의 격차가 되지 않도록 세심하게 배려하는 것, 교육이 그 아이의 인생에서 가장 강력한 무기가 될 수 있도록 하는 것, 그것이면 미래 교육의 충분조건이 되지 않을까.

4부

학교가 멈추니
교육이 보였다

▶ 박종필

1장 스마트 교육? 라떼는 말이야……

❶ 금성 패미콤, 교단선진화, 그리고 그 후

내가 처음으로 접한 컴퓨터는 대학에 막 입학했을 때 본 금성 패미콤이라는 모델이었다. 이후 컴퓨터 실습실에 당시로서는 고급인 8088 XT 컴퓨터가 무려 40대나 갖춰지기도 했다. 그때 컴퓨터는 메인 메모리가 640KB에 5.25인치 플로피디스크 드라이브가 2개였고 하드드라이브는 없었다. 모니터는 CRT(Cathode-Ray Tube)에, MDA(Monochrome Display Adapter)라는 흑백 디스플레이 카드를 채택하고 있었다.

　　이때부터 나는 컴퓨터에 많은 관심을 갖고서 컴퓨터 동아리에서 활동했다. 교수님의 자서전, 학과 문집 등을 '아래아 한글 1.0'으로 작성하며 컴퓨터 활용을 시작하였다. 한글 1.0은 플로피디스크 6장으로 구성되었던 걸로 기억한다. 하드디스크가 없는 컴퓨터인 관계로 1번 시스템 디스켓과 2번 화면용 폰트 디스켓을 넣어서 프로그램을 실행시킨 후 한자를 쓰기 위해서는 3번 디스켓, 인쇄를 위해서는 또다시 4번과 5번 디스켓(한글, 한자)을 번갈아 끼워가며 사용했으며 6번은 유틸리티 디스켓이었다. 디스켓 두 장을 A, B 드라이브에 넣고 'hwp'라는 명령어를 치면 한참 후 한글 프로그램이 실행되던 모습이 떠오른다.

이후 1990년대 초반에 교육대학을 졸업하고 초등학교에 발령을 받아 교사가 되었다. 1990년대 말에는 이른바 '교단선진화' 사업이 실시되었다. 전국의 초·중·고등학교 각 교실에 컴퓨터와 대형 TV 한 대씩을 설치하고, 초고속 국가망 설치에 따라 학교에 인터넷을 보급하는 사업이었다. 학교에 인터넷이 설치되면서 나는 컴퓨터를 이용해 다양한 활동을 했다. 간단한 HTML 언어와 '나모'라는 프로그램을 이용하여 학교 홈페이지를 만들고, 학교 업무 양식과 전래동요를 제공하는 사이트를 만들어서 공유하기도 했다.

교실마다 컴퓨터가 설치되고 인터넷이 연결되면서 고경력 교사들 중 대다수는 컴퓨터 사용에 어려움을 겪었다. 결국 교단선진화 사업은 제6차 교육과정의 초등 영어과 신설과 더불어, 상당수의 중장년층 교사들이 명예퇴직이라는 이름으로 교단을 떠나는 이유가 되기도 했다. 하지만 이후 아이러니한 상황이 벌어졌다. 어느 해 여름, 강력한 태풍으로 정전 사태가 발생하자 학교에서 아무 업무도 처리할 수가 없어서 다들 손을 놓고 교무실에서 이야기를 나누며 시간을 보낼 수밖에 없었다. 컴퓨터 보급 초기에는 교사들이 컴퓨터 사용에 어려움을 겪었는데, 이제는 컴퓨터 없이는 공문 처리 등의 업무가 불가능한 상황이 된 것이다.

　　대학 때부터 배워둔 컴퓨터 지식을 아이들 교육에 다양하게 활용하던 나는, 자연스레 구글 도구들을 접하게 되었다. 당시 구글독스로 불리던 구글드라이브와의 첫 만남은 대단히 인상적이었다. 여러 이용자가 하나의 문서에 동시 접속하여 편집할 수 있다는 장점을 활용해 아이들과 다양한 활동을 했다. 물론 당시에는 느린 인터넷 속도와 불안정한 서비스로 불편한 점들이 있었지만, 아이들과 재미있게 활동하는 데에 큰 문제가 되지는 않았다. 아이들은 매우 신기해하면서 자신의 생각을 키보드로 끊임없이 쏟아내었다.

❷ 스마트 교육 선도교원으로서의 경험

컴퓨터를 활용하여 다양한 교육활동을 하던 나에게 큰 전환점이 찾아온 것은 2012년이었다. 당시 트위터와 페이스북을 활발하게 사용하던 나에게 교육부 연구사가 스마트 교육 중앙선도교원 역할을 해보라고 제안을 해 온 것이다.

당시는 '인재대국으로 가는 길, 스마트교육 추진 전략 (2011.6.29.)'이라는 대통령 보고서를 통해 스마트 교육이라는 개념을 도입하고 현장 보급에 힘쓰던 때였다. 대통령 보고서에 따르면, 스마트(SMART) 교육이란 '자기주도적인(Self-directed) 동기 유발을 통해(Motivated) 적용 가능한(Adaptive) 다양한 자료(Resource enriched)와 기술(Technology)을 활용하는 교육', 다시 말해 기술과 자원을 활용하여 학생들 스스로의 자기주도적인 학습을 돕는 교육이다.

스마트 교육 선도교원으로 활동했던 경험은 나에게 정말 특별했다. 전국에서 선발된 약 130명의 선도교원 선생님들과 함께 효과적인 수업 방법과 새로운 수업 방법에 대한 고민을 나누기도 했고, 그 과정에서 교육의 문제점을 발견하고 조직하여 해결책을 변형해가면서 시도하는 과정을 통해 매우 끈끈한 관계를 형성하였다. 연수를 통해서 배운 내용을 각 시·도 교육청과 교육지원청, 학교 등에 가서 전달해주는 것이 우리의 주 임무였다.

당시 나의 주 관심사는 무선인터넷과 수업에 활용할 수 있는 다양한 하드웨어, 소프트웨어 도구들, 그리고 이를 활용할 수 있는 교육 방법들이었다. '허드슨강의 기적'의 예를 들면서 트위터가 얼마나 소식을 빨리 전할 수 있는지를 이야기했던 게 기억난다. 그때 우리는 교사와 학생, 교사와 교사가 어떻게 소통할 수 있는지를 고민하며, 그것이 우리 교육에 던지는 시사점에 대해서도 이야기했다. 안드로이드폰이나 iOS 기기의 화면을 어떻게 하면 TV에 연결하여 학생들에게 보여줄 수 있을까를 고민했고, 어떻게 하면 안정적인 무선인터넷 환경을 구축하여 스마트 기기를 통해 아이들과 정보를 교류하면서 수업할 수 있을까를 생각하여, 각자의 사례를 페이스북을 통해 나누고 페이스북 그룹을 만들어 정보를 모으기도 했다.

그렇게 컴퓨터와 스마트폰, 스마트패드로 소통하면서 시간과 공간은 더 이상 제약 사항이 아니고 뛰어넘을 수 있는 장애물임을 알게 되었다. 행아웃 채팅을 통해 일본과 미국, 캐나다의 선생님들과 교육에 대한 고민을 실시간으로 나눌 수 있었다. 지금처럼 원활한 속도는 아니었지만 서로의 생각과 고민을 나누기에 충분한 도구였으며, 스카이프 등과 함께 활용하면서 교실을 벗어나서 전문가를 초빙해 강연을 듣기도 하고 다른 나라의 친구들과 함께 공부할 수 있는 기회가 되었다.

2012년경 아이들과 많이 했던 활동은 영어로 말한 것을 녹음하여 인터넷에 올리는 것이었다. 내가 가입한 계정으로 로그인한 상태에서 아이폰과 아이패드 등을 이용하여 아이들이 영어 문장을 녹음한 후 인터넷에 올리는 방식이었다. 인터넷에 올라간 내용은 내 트위터 계정과 연동되어 학부모들에게 안내되었다. 아이들은 자신의 목소리가 컴퓨터를 통해 흘러나오는 것을 좋아했고, 더구나 인터넷을 통해서 들을 수 있다는 것을 매우 신기해하며 수업에 즐겁게 참여했다.

당시로서는 매우 신선한 등장이었던 아이폰과 아이패드 등의 기기를 일찌감치 구입해 교육에 활용하기도 했다. 이후에는 'Puppet Pals'라는 앱을 이용하여 역할놀이도 하였다. 이 앱은 배경을 선택하고 등장인물을 선택한 다음 인물을 움직이며 대화를 하면 그 과정이 그대로 동영상으로 녹화되는 방식이었다. 이야기의 3요소인 인물, 배경, 사건 중 인물과 배경을 앱이 제공해주니, 아이들은 역할놀이 스크립트를 제작하여 녹화하면 되는 것이다. 이때 만든 많은 동영상들은 근 10년이 지난 지금까지도 구글드라이브에 그대로 남아 있다.

한번은 3학년 담임선생님에게 그 반 아이의 목소리를 들려

✔ 아이들과 활동하기 위해 구입했던 장비들

주었는데 매우 놀랍다는 반응을 보였다. 성격이 매우 내성적이고 소심했던 그 아이는 학교에서 수업 시간에 거의 말을 하지 않았었다. 친구들과는 아주 가끔, 그것도 아주 작은 목소리로 한두 마디 나누는 게 전부여서 담임선생님조차 그 아이의 목소리를 제대로 들은 기억이 없다고 했다. 그런 아이가 영어로 말한 목소리를 듣다니 놀라지 않을 수 없다는 것이었다.

당시 초등학교 아이들에게 인기 있있던 뽀로로 인형을 전국의 초등학교로 여행시켰던 추억은 아직도 생생하다. 클래스팅에 뽀로로 관련 학급을 만들어놓고, 한국교육학술정보원의 본부장이 보내준 뽀로로를 아이들에게 소개하고 집에 데려가서 식구들과 지내고 다음 날 같이 등교하도록 하여 1주일을 생활한 후 다른 학교로 보내는 프로젝트였다. 우리 학교에서는 서울의 한 초등학교에서 넘겨받은 후 경남의 학교로 넘겨주었던 걸로 기억한다. 당시 3·4학년 학생들 사이에 뽀로로를 집에 데려가려는 경쟁률이 매우 높았다. 그 아이들이 지금은 대입을 앞둔 수험생들로 컸으니 세월이 참 빠르다는 생각을 하게 된다.

스마트 교육 중앙선도교원으로 활동하면서 지금까지 인연을 맺고 있는 많은 선후배 선생님들과 교육부, 한국교육학술정보원, 한국과학창의재단의 연구원, 연구사, 연구관 들을 만나기도 했고, 우연한 기회에 교육부 교과서정책과와 이러닝과에서 디지털교과서 개발을 담당하는 업무를 맡아서 일하기노 했다. 현재 디지털교과서는 3·4·5·6학년 사회, 과학, 영어 과목이 개발되어 있으며, 내가 있던 당시에는 5학년 사회와 과학 과목을 개발하였다.

2013년, 아이들과 함께 활용할 수 있는 스마트 기기 확보에 대해 고민하고 있을 때, 마침 지역 교육청에서 영어체험실 구축 공모 공문을 받았다. 시청의 지원으로 영어체험실을 구축하여 아이들과 활용할 수 있도록 지원해주는 사업이었다. 바로 계획서 작성에 들어갔다. 교실 전면에 전자칠판 설치, 교실에 와이파이 구축, 그리고 스마트패드 16대 구입 계획을 세웠다. 학생 수가 33명이라 1인 1디바이스가 어렵다는 아쉬움은 있었지만 영어체험실이라는 목적의 예산임을 감안할 때 감지덕지였다. 다행히도 교육청에서 2개실을 구축하라고 예산을 넉넉하게 배정해줘서 스마트패드를 추가로 구입했다.

당시 구입한 패드는 삼성의 갤럭시 노트 제품이었다. 패드 최초로 스마트펜이 장착된 기기여서 아이들이 알파벳과 영어 단어, 문장을 연습하는 데도 매우 유용했다. 무엇보다 많이 활용한 것은 카메라였다. 아이들이 사진을 찍고 그 사진을 만화로 바꾼 다음, 영어 대화를 만들어서 영어 만화를 꾸미기도 했고, 동영상으로 역할놀이를 촬영해서 공유하는 등 쓰임새도 다양했다.

학교 계정으로 활용하기 위해 교육용 지스위트도 신청하여 구축하였다. 당시에 혼자 인터넷을 뒤져가며 신청했던 노하우를 활용하여 학교를 옮길 때마다 지스위트를 신청했으며, 웹사이트를 구축하여 지스위트를 신청하고자 하는 선생님들이 활용할 수 있도록 정리해두었다. 많은 선생님들이 내가 만든 웹사이트를 참고하여 지스위트를 신청했다는 말을 듣고 매우 뿌듯했다. 아울러, 이 나눔은 내가 구글 교육자 공인 이노베이터(Google for Education Certified Innovator) 프로그램에 지원하는 데 많은 도움을 주기도 했다.

이렇게 2014년 9월부터 2016년 2월까지 1년 반 동안 교육부 파견을 마치고 복귀한 학교 현장은, 아이들도 선생님도 학부모도, 그리고 교육 환경도 많이 달라져 있었다. 그리고 2020년 3월, 학교가 멈췄다.

2장 혼란과 고충, 그러나 피할 수 없는 온라인 수업의 길

① 코로나로 닫힌 교실, 온라인으로 열리다

2020년의 대한민국은 코로나19라는 전대미문의 바이러스 창궐 사태와 함께 시작되었다. 이 사태로 전 세계의 사회 전반이 급격히 변화하고 있으며, 대한민국 교육은 19세기 초 근대교육을 시작한 이래로 최대의 변환기를 맞았다. 인류의 역사를 코로나 이전과 이후로 나누어야 한다는 이야기가 나올 정도로 중대한 기로에 서 있다.

3월 초 이전에, 나는 코로나19 사태가 쉽게 끝나지 않으리라는 것, 그리고 온라인 형태의 수업이 본격 진행되리라는 것을 직감했다. 이에 대비해, 기존에 진행해온 스마트 수업 방식들을 활용하여 온라인 수업을 위한 기반 상황을 구축해나갔다. 결국 예측대로 2020년의 새 학기는 3월 2일에 시작할 수가 없었다. 그리고 사상 초유의 온라인 개학을 실시하게 되었다. 교육부는 먼저 2주간의 개학 연기 이후 거듭 2주간의 개학 연기를 실시하였으나, 사태가 진정될 기미가 보이지 않자 학년별로 순차 개학을 하고 온라인으로 수업을 진행하기로 하였다.

　유례없는 온라인 개학 실시로 교육 현장은 큰 혼란에 빠졌다. 학생들과 선생님들은 무엇을 해야 할지 몰라 방황했고, 학부모와 사회도 무척 혼란스러웠다. 그런 가운데에도 온라인 개학은 순차적으로 시행되었고, 이후에는 오프라인 개학이 시작된 상태에서 사회적 거리 두기의 차원에서 학년별로 날짜를 달리하여 등교를 실시하는 등 온라인 수업과 오프라인 수업이 병행되고 있다. 알다시피, 교육부는 온라인 수업의 형태를 다음 3가지로 제시하였다.

　첫 번째는 콘텐츠 제공형이다. 한국교육학술정보원에서 제공하는 e학습터나 교육방송에서 제공하는 EBS 온라인 클래스를 활용하는 형태가 대표적이다. 교사는 교과 관련 콘텐츠를 온라인 공간에 제시하고, 학생들이 그 콘텐츠를 활용하여 공부하고 나면 교사는 콘텐츠 시청 여부를 통해 학생의 수업 참여도를 파악한다. 두 번째는 과제 제시형이다. 구글클래스룸, MS팀즈 등이 대표적이다. 교사가 온라인 공간에 제시한 과제를 학생이 받아서 해결하고 그 결과를 제출하면, 교사는 제출된 결과에 대한 피드백을 제공하는 형태이다. 세 번째는 쌍방향 실시간 수업형이다. 줌, 구글미트, 웹엑스, MS팀즈 등을 활용할 수 있으며, 유튜브 라이브나 카카오톡, 밴드 등을 활용하여 실시간 방송으로 수업할 수도 있다. 교사가 인터넷을 통해 실시간 회의방을 개설하여 학생들을 초대한 후 수업을 진행하는 형태이다.

교육부에서 위와 같은 방법들을 제시했지만, 온라인 수업 방식 자체를 처음 시도해보는 교사들은 좌충우돌할 수밖에 없었다. 2020학년도 1학기의 대혼란을 겪어내며, 다행히 교사들은 나름의 방법으로 온라인 수업 체제에 적응하여 자기만의 수업 방식을 형성해나가고 있다. 그러나 문제는, 급작스레 전격 시행된 까닭에 온라인 수업 체제가 아직 혼란스러운 상태라는 점이다. 교육 당국의 어수선한 대처와 미흡한 시스템 구축으로 인해, 의지를 갖고 사태에 임하는 일선 교사들의 의지가 꺾인 경우도 부지기수다. 이런 상황들 중 주요한 사례들을 짚어보며 교사들의 목소리를 확성해보고자 한다.

❷ 덜컥 시작된 온라인 수업, 교사들의 고충

온라인 수업으로 인해, 우선 교사들의 정신적·경제적인 부담이 증가하였다. 갑작스러운 온라인 교육 실시로 교사들은 온라인 교육을 준비할 시간을 갖지 못했다. 준비되지 않은 상태에서 교사들은 '인강' 강사가 되어야 했으며 유튜버가 되어야 했고, 심지어 IT 전문가가 되어야 했다. 접속이 안 되는 학생들을 위한 '콜센터 직원' 노릇은 부업이다. 이런 상황은 교사들에게 매우 큰 스트레스로 다가왔다. 평소 디지털 기기를 잘 다루던 교사들에게는 큰 부담이 되지 않을 수도 있지만 대다수 교사들은 무엇부터 시작해야 하는지조차 몰랐다. 다행히도 교육부와 각 시·도 교육청의 발 빠른 대처로 '교사온'이라는 온라인 수업 지원교사 조직을 만들어 지원하고, 선생님들의 적극적인 태도와 교사 간 협력으로 이 난국을 잘 헤쳐 나가고 있는 편이다.

하지만 향후 온라인 수업에 대한 학부모의 요구가 점점 더 명확하고 강해질 것으로 예상된다. 지금까지는 모두가 처음 겪는 상황이었으니 서로 이해하고 배려하는 차원에서 넘어갈 수 있었던 문제도, 이제는 좀 더 체계적이고 시스템적인 것을 원하게 되리라는 점은 자명하다. 이에 대비하기 위해서 시·도 교육청과 교육지원청 차원에서 교사들의 실제 수업을 지원하는 연수를 실시하고 온라인 수업 관련 자료와 정보를 제공하는 체계적인 지원 시스템을 구축해야 한다. 단지 실적 위주의 생색내기용 연수나 보여주기식 사업은 지양해야 한다.

온라인 수업용 동영상을 제작하기 위해 다양한 스마트 기기를 자비로 구입해야 하는 것도 교사들에게는 경제적인 고민으로 다가온다. 온라인 수업을 통해 학생들과 다양한 상호작용을 원활하게 하기 위해서는 그에 맞는 서비스나 장비가 필요하다. 이런 온라인 도구나 장비 구입을 교사 개인이 부담하는 것은 부당하며, 이를 지원하기 위한 예산 편성이 필요하다.

학생들의 출석 체크나 평가에 대한 문제도 생각해봐야 한다. 온라인 수업 실시 초반부터 출석 인정 방법에 대해서 말이 많았다. 아울러 온라인 학습 결과를 공정하게 평가할 수 있는 방안도 필요하다. 출석 인정을 위한 방법은 기술적인 부분과 동시에 법령적인 부분의 개정이 필요하다. 온라인 수업 시간 동안 계속 컴퓨터 앞에 앉아 있다고 해서 온전히 수업에 참여하는 것은 아니다. 학생이 댓글을 달거나 화상으로 얼굴을 보여준다고 해서 수업에 적극적으로 참여했다고 인정할 수 있을까? 어쩌면 우리 교사들은 그냥 최선을 다했다는 마음의 위안을 받고자 하는 것은 아닐까? 그리고 온라인 학습의 평가는 학습 결과로 제출한 결과물과 더불어, 학습 과정을 종합하여 기술하는 방법을 병행하는 방향으로 개선이 필요하다. 결국, 상대 평가가 아닌 절대 평가를 실시해야만 한다.

개인 정보 침해나 저작권 관련 문제도 심각하다. 이번 온라인 학습과 관련하여 교사를 가장 힘들게 하는 부분 중 하나가 저작권에 대한 고민이다. 이미 글꼴이나 화면 캡처 프로그램, 이미지 등과 관련해서 심심찮게 저작권 이야기가 나왔던 상황에서, 온라인 수업용 콘텐츠를 제작해야 하는 교사들에게는 당연히 신경 쓰일 수밖에 없는 문제이다. 저작권과 관련한 문제는 교육부와

시·도 교육청에서 보다 더 적극적으로 나서야 한다. 그동안 교육적 목적으로 사용하는 경우에는 완화된 저작권을 적용해주긴 했으나, 교사가 제작한 교육용 콘텐츠가 교실 벽을 넘어서 활용되는 온라인 수업 상황에서는 이 시대에 맞는 교사에 대한 법적 보호 장치가 필요하다.

아울러, 온라인 수업의 형태로 화상수업을 실시하는 것과 관련하여 초상권 문제에 대해 우려를 표하는 교사도 많았다. 스마트폰이 대중화된 상황에서, 온라인 수업은 너무나 쉽게 사진 또는 동영상으로 저장될 수 있다. 흔히 말하는 '짤방'을 만드는 것도 너무 간단해서, 학생들이 그 유혹에 빠지기 쉽다. 이로부터 발생할 문제를 예방하기 위한 법적·기술적 장치와 함께, 학생들을 대상으로 한 온라인 학습 리터러시 교육도 필요하다.

❸ 온라인 수업을 더욱 원활하게 해줄 도구들

이런 어려움들에도 불구하고, 일선 교사들은 새로 열린 온라인 수업의 길, 열어나가야만 하는 그 길을 향해 연일 연구하고 매진하고 있다. 그리고 원하든 원하지 않든, 이제 코로나19 이전의 상태로는 돌아갈 수 없게 되었다. 그렇다면 어떻게 해야 하는가? 향후 온라인과 오프라인의 블렌디드 방식으로 형성되어 나아갈 우리의 학교 수업 체제를 대비하여, 교사들에게는 새로운 마음가짐과 함께, 그것을 제대로 구현할 기술들을 익히는 것도 중요한 일일 터이다.

온라인 수업이든 오프라인 수업이든, 중요한 것은 교사와 학생들의 친밀감 형성이다. 이를테면, 수업의 시작 단계에서 교사가 화상수업을 열어서 수업의 흐름을 안내해주고, 학생들은 교사의 안내에 따라 제시된 활동 또는 과제를 완수하여 온라인 학습방에 올리는 식으로 자연스러운 흐름을 갖게 되면 좋을 것이다. 수업을 마무리하는 시점에서 교사와 학생들이 학습활동의 과정과 결과를 돌아보면서 상호 피드백을 주는 형태로 진행되면 좋다. 이를 위해 도움이 될 만한 도구들을 몇 가지 소개하고자 한다.

디지털교과서로 온라인 수업 하기

2012년부터 교육부 스마트 교육 중앙선도교원 역할을 하면서 디지털 기기를 활용한 다양한 수업 방법에 대해서 강의를 많이 했다. 당시에는 그다지 환영받지 못하는 경향이 없지 않았는데, 지금의 상황을 생각하면 그때 좀 더 스마트 교육이 확산되었다면 어땠을까 하는 아쉬움이 있다.

그 후 교육부의 제의를 받고 교육부 파견 연구사로 근무하게 되었다. 교과서정책과에서 디지털교과서를 개발하는 업무를 담당했다. 디지털교과서 개발에 대한 시도는 2008년부터 진행되었으나 진척을 보이지 못하다가 2011년 스마트 교육 정책 실시와 더불어 다시 한번 추진되었다. 처음에는 웹 서비스 형태로 개

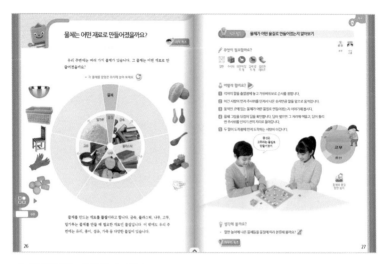

✓ 웹 디지털교과서 《3-1 과학》 © webdt.edunet.net

발했으나 사용이 그리 편하지 못했고, 이후 PDF에 멀티미디어 콘
텐츠를 링크하여 e-pub 형태로 제공하는 교과서를 개발하다가,
2013년에는 좀 더 디지털교과서다운 교과서를 개발하는 작업에
본격 착수했다.

　　첫해에는 3학년과 4학년 사회, 과학 과목을 개발하였다.
그런데 학생들에게 학습 부담을 가중시키지 않기 위해 1교과 1교
과서 원칙을 고수하면서 서책형 교과서 PDF에 멀티미디어 자료
를 삽입하고 차시별 간단한 평가 문제를 제공하는 형태로 개발하
다 보니, 서책형 교과서와 별바 다를 것 없다는 불만이 세기되기
도 했다.

그 후 5~6학년 과학, 사회 과목과 3~6학년 영어 과목을 추가하고, 웹에서 직접 디지털교과서를 활용할 수 있도록 서비스를 제공하면서 상당한 발전을 보였다. 현재는 3~6학년 과학, 사회, 영어 과목을 디지털교과서로 제공하고 있다. 설치형으로 내려받아서 사용하거나 webdt.edunet.net 사이트에서 활용할 수 있으며, 교사와 학생 모두 에듀넷에 사용자로 가입하면 국정교과서와 해당 학교의 검정교과서를 사용할 수 있다.

구글 도구를 활용하여 수업하기

2020학년도 2학기부터는 쌍방향 온라인 수업이 권장되고 있다. 물론 쌍방향이 온라인 수업의 답은 아니다. 무엇을 도구로 사용하든 학생들과 끈을 놓지 않고 함께하고 있다는 느낌이 들도록 교사가 노력하는 것이 좋다. 이와 관련하여, 구글미트를 활용하여 온라인 수업용 회의를 생성하는 방법을 들어볼 수 있다. 구글미트를 사용하기 위해서는 https://meet.google.com에 접속하여, 앞서 언급한 교육용 지스위트를 신청하여 사용하면 된다. 구글캘린더나 구글클래스룸을 사용하면 좀 더 조직적으로 활용할 수도 있다. 구글미트를 이용하여 수업 화면을 공유하며 진행하는 방법은 교사온.com의 '실시간 스트리밍' 아래 '구글 행아웃'에서 자세한 방법을 찾아볼 수 있다.

한편 구글클래스룸은 수업을 위한 가상 공간으로서, 간이 LMS 기능을 제공한다. 교사는 구글 문서 도구 학습 자료를 추

✓ 구글클래스룸 실행 화면

가하고 학생에게 과제를 제시하고 수합하는 모든 작업을 한곳에서 할 수 있다. 학생의 과제에 대해, 출력하지 않고 온라인상에서 직접 피드백을 제공할 수도 있다. 구글클래스룸은 https://classroom.google.com으로 접속할 수 있으며, 구글 앱에서 '클래스룸'을 선택해서 이용할 수도 있다. 앞에서 언급한 구글미트와같이, 교육용 지스위트를 학교 단위로 신청해서 사용하면 훨씬 편하게 사용할 수 있다. 서울시와 경기도교육청은 교육청 단위로 지스위트를 신청해서 학교에서 원하는 수만큼의 계정을 생성해주니이것을 활용하는 것도 좋은 방법이다. 구글클래스룸을 이용하여학생들과 수업을 진행하는 자세한 과정은 교사온.com의 '온라인학급 관리' 아래 '구글클래스룸'을 참고하기 바란다.

이번 온라인 수업의 영향으로 구글 공인 교육자 자격에 대한 선생님들의 관심이 매우 커졌다. 구글의 도구를 이용하여 교육하는 교사들을 위해 구글에서는 구글 공인 교육자 레벨1과 레벨2 공인 자격 제도를 시행하고 있다. 구글 도구의 활용 능력과 그것을 수업에 어떻게 활용하는가를 시험을 통해 평가하고 80점 이상의 점수를 맞은 경우 3년간의 인증서를 제공하는 제도이다. 관심이 있는 교사는 구글 티처센터, teachercenter.withgoogle.com을 방문해서 자격 제도에 대한 자세한 안내와 사전에 필요한 교육을 받을 수 있다.

구글 공인 교육자 자격을 받게 되면 구글 공인 트레이너에 지원할 수 있다. 구글 공인 트레이너는 구글 공인 자격 취득을 위한 교육을 공식적으로 실시할 수 있도록 지스위트 임시 계정 생성 등의 지원을 받을 수 있다. 구글 도구 활용 강의를 5회 이상 실시해야 하며, 그중에서 하나 이상에 대한 설문 등의 피드백을 증명하면 된다. 아울러, 연 12회 이상의 강의 또는 모임을 하겠다는 계획도 써내야 한다. 구글에서는 월 1회 구글 공인 트레이너를 선발하고 있다.

마지막으로, 앞서 언급한 구글 교육자 공인 이노베이터가 있다. 구글 공인 자격을 취득한 자로서 기술 활용 교육에 대한 노력과 그동안의 활동 상황, 앞으로 노력하고자 하는 점 등을 기술하면 심사를 거쳐서 선발된다. 연 1회 선발하고 있으며, 선발되면 해외의 여러 장소에서 실시되는 캠프에 외국의 교사들과 함께 참여하여 프로젝트를 수행해야 한다. 올해는 코로나로 인해서 온라인으로 캠프가 실시되고 있으며 현재 나도 참여하고 있다.

온라인 협업을 위한 도구

온라인 교육과 함께 화두가 된 것이 온라인을 통한 업무 처리이다. 학교 업무를 온라인으로 효율적으로 처리하고 협업할 수 있는 도구로, 앞서 언급한 교육용 지스위트를 추천하고 싶다. 이 도구는 구글의 서비스를 교육에 활용할 수 있도록 무료로 제공하는 앱의 집합이며, 구글드라이브, 구글문서, 구글시트, 구글클래스룸 등으로 구성되어 있다. G는 'Google'을 의미하며 Suite는 '도구들의 세트'를 의미한다. 다시 말해서, 'G Suite'는 '구글 도구들의 모음'을 말한다.

지스위트는 기업에는 유료로 제공되나, 초·중·고등 교육기관에는 '교육용 지스위트'라는 이름으로 무료로 제공되고 있다. 보다 전문적인 기능을 원할 경우 교육용 지스위트 엔터프라이즈(G Suite Enterprise for Education) 라이센스를 구입하여 사용할 수도 있다. 교육용 지스위트의 서비스는 핵심 서비스 14개와 부가 서비스 52개로 구성되어 있으며, 이 외에도 일반 사용자들이 개발하여 제공하는 앱들도 추가하여 사용할 수 있다. 이 서비스들 중에서 학교에서 필요한 서비스를 적절히 선택하여 활용하면 온라인으로 협업하며 효율적으로 업무를 처리할 수 있다.

3장 미래 교육의 성공을 위해 살피고, 보듬고, 갖춰야 할 것

❶ 교육 당국에 대한 아쉬움

주지하다시피, 교육부는 2020년 초 시작되어 세계 각국으로 빠르게 퍼지고 있는 코로나19 바이러스로 인해 개학을 연기한 데 이어, 온라인 개학이라는 초유의 정책을 실시하였다. 이 과정에서 교육부는 다소 실망스러운 모습을 보여주었다. 당초에는 발 빠르게 대응하는 모습을 보이면서 현장의 온라인 교육 지원 준비에 나섰으나, 이후 사전 보도자료 유출 및 학부모 눈치 보기 등의 모습을 보이면서 교사들에게 많은 실망감을 안겨주기도 했다.

교육부에서 내리는 결정은 대한민국의 모든 학교에 파급

되기에 쉽게 결단을 내리지 못했을 것이라는 점이 한편으로 이해되기도 한다. 하지만 이로써 발생한 문제들을 분명히 짚고 넘어가지 않으면, 앞으로 더욱 확대될 온라인 활용 수업의 효율화를 꾀하기는 어렵다. 이에, 2020학년도 온라인 수업이 시작되면서 당국의 준비 부족과 배려 부족으로 인해 발생한 대표적인 문제들을 살펴보며, 이를 개선할 수 있는 방법을 생각해보고자 한다.

상명하달식 전달 체계

먼저, 교육부와 일선 학교의 상명하달식 전달 체계로 인한 문제점이 도마에 올랐다. 교육부에서는 초반에 현장 교사의 의견 수렴을 통해 정책을 수립하는 듯 보였으나 점점 현장 교사의 의견 반영 없이 일방적으로 계획이나 방침을 결정하여 하달하였고, 교사들은 이 소식을 뉴스로만 접할 수밖에 없었다. 초반에는 전국의 온라인 시범학교 관계자와 17개 시·도 교육청의 초·중·고 대표교사 51명으로 구성된 1만 커뮤니티가 현장의 의견을 수렴하기도 했으나, 이 커뮤니티는 점점 교육부의 정책을 전달하는 통로로 역할이 축소되기도 하였다.

당시 나는 한국교육학술정보원의 요청으로, 이 1만 커뮤니티 발대식을 화상회의로 진행하고 이를 생중계하는 역할을 하기로 했다. 당초에는 여의도 의원회관에서 화상회의를 중계하려고 했으나, 코로나19 감염의 위험성으로 인해 재택 진행으로 최종 결정되어 집에서 중계하게 되었다. 애초에 굳이 모일 필요가 없으니 집에서 진행하겠다고 했으나, 혹시 모르는 돌발 변수가 걱정된다는 이유로 한곳에 모여 진행하기로 결정된 일이었다. 이처럼 하루아침에 모든 것이 바뀔 수 있는 예측 불가능한 상황이 당시에는 일상이었다.

아무튼 교육 당국은 이런 시스템들을 도입하여 교육 현장의 목소리를 반영하여 정책을 결정하려는 모습도 보였으나 예상만큼 원활한 소통이 이뤄지지는 못했다. 국민들이 많은 관심을 갖고 있다 보니 언론에 먼저 발표된 후에야 학교에 공문이 시달되어 교육 관련 정책을 학교가 맨 나중에 알게 된다는 볼멘소리가 들리기도 했다. 심지어는 언론보다도 앞서 일부 인터넷 커뮤니티에 관련 내용이 먼저 유포되기도 해서, 학교는 맨 마지막에야 소식을 듣게 된다는 자괴감에 사로잡히기도 했다.

학교 현장의 소통 방식에도 문제가 있었다. 초유의 비상사태로 온라인 개학을 한 상황에서 현장 교사들은 성숙한 토론 문화와 참여 의식, 협업 정신을 발휘하여 온라인 수업을 진행하는 데 최선을 다했다. 그럼에도 불구하고 일부 학교장이 위압적인 태도로 특정 온라인 수업 방식을 강요하여 교사들의 사기를 저하시키고, 온라인 수업의 효율성을 떨어뜨리는 결과를 낳기도 했다. 학교장은 위기 상황일수록 문제에 대한 정확한 인식을 바탕으로 이를 해결하기 위한 인적, 물적 자원의 활용에 대한 생산적인 논의를 이끌어야 한다. 최대한 신속하고 합리적으로 이것을 수행함으로써 온라인 수업의 효율성을 높이는 데 기여할 필요가 있다.

인프라 부족

인프라 부족도 문제였다. 전국의 모든 학교에서 일제히 온라인 개학을 실시하면서 접속 폭주로 서버가 정지하는 등의 문제가 발생했다. 콘텐츠 제공형으로 사용하던 e학습터와 EBS 온라인 클래스는 시험 기간 중 접속 장애를 빚어 서버를 급히 증설하는 등의 대책을 세웠으나, 접속 서버의 분산 부족 문제 등으로 이후에도 접속이 원활하지 않았다.

디지털교과서와 통합하여 사용하는 위두랑과 클래스팅, 하이클래스 등도 정상적인 접속이 어려웠다. 한편으로 학교 내에 무선망이 제공되지 않아서 교사가 온라인 수업을 준비하는 데 불편을 겪기도 했다. 교실의 데크스톱 또는 노트북과 함께 스마트단말기나 교사의 스마트폰을 활용하여 수업을 준비하려고 해도 무선망이 제공되지 않아서 어려움을 겪었던 것이다. 당국에서는 안정적인 온라인 수업 접속을 위해 서버를 증설하고 한국형 LMS를 구축하겠다고 하고 있으나 효과가 있을지는 미지수이다.

차라리 안정적인 접속을 보이는 민간 서비스를 교육에 활용하는 방안을 고민해봐야 한다. 학생, 교사, 학부모의 개인 정보를 안전하게 관리할 수 있는 방안이 마련된다면, 전 국민이 동시에 사용해도 문제가 없는 메신저 서비스나 SNS 서비스를 적극 활용하는 방안도 고려해봐야 한다. 아울러, 세계적인 인프라를 구축하고 있는 구글과 마이크로소프트의 교육 관련 서비스를 활용하는 것도 좋은 방법이다.

학교 내의 무선망 부족 문제와 관련해서 교육부는 학생망을 적극 활용하여 무선망을 구축·활용하라고 안내했으며, 업무망에도 와이파이를 임시로 설치하여 사용할 수 있도록 허용해주기도 했다. 물론, NEIS와 에듀파인 등 시스템의 보호 방안 마련 및 학교장 책임하 사용 가능이라는 전제 조건이 따라왔다. 정부의 3차 추경안에 전 교실 무선망 구축이 포함되어 있다고는 하는데 완전 구축 시점이 언제가 될지는 아직 명확하지 않다. 이런 상황들을 해결하고 교육 정책이 현장의 신뢰를 얻기 위해서 교육부와 교육청은 학교 현장의 다양한 의견을 듣고 함께 문제점을 해결해 나갈 수 있는 창구를 보다 더 적극적으로 만들어야 한다. 아울러, 앞으로 유사한 비상사태가 발생했을 때 대처할 수 있는 시스템을 구축해야 한다.

❷ 힘들어하는 학생들과 학부모들

온라인 수업에서 인터넷과 정보통신 기기는 필수적이다. 온라인 수업의 특성상 컴퓨터, 스마트폰 또는 태블릿 등 정보통신 기기가 필수이며, 이를 활용하기 위해서는 인터넷 접속 또한 반드시 필요하다. 교육계에서는, 가정마다 TV가 보급된 것처럼 컴퓨터나 스마트 디지털 기기 역시 한 대씩은 다 있고, 당연히 인터넷에 접속할 수 있으리라 생각했다. 하지만 실제는 그렇지 못했다.

가정 형편이 어려워 컴퓨터나 스마트 기기가 없는 경우가 있었고, 있어도 인터넷에 접속되지 않거나 온라인 수업에 필수인 카메라, 헤드셋 등이 없는 아이들도 많았다. 또한 몸이나 마음이 불편한 아이들은 온라인 수업에 참여하려면 다른 사람의 도움이 필요한데, 이 학생들을 돕기 위한 대비책이 마련되지 못한 경우도 많았다. 사회적 약자에 대한 배려 부족이라고 볼 수 있다. 한편 초등학교 저학년의 경우 이런 어려움을 고려하여 방송으로 수업을 진행했다고는 하지만, 그 또한 학부모가 없는 경우 쉽지 않았다. 이런 상황의 아이들은 온라인 학습이라는 상황에서 학습권을 침해받고 있다고 볼 수밖에 없다.

교육부와 교육청에서는 온라인 학습용 기기를 갖추지 못한 아이들에게 스마트 기기를 대여하고, 인터넷 접속이 안 되는 아이들을 위한 대처 방안 등을 시행하기도 했으나 모든 학생들의 온라인 학습권이 보장되었는지는 알 수 없다. 또한, 아직 스마트 기기를 능숙하게 다루지 못하는 아이들은 다른 사람의 도움을 받아야 사용할 수 있는데, 보호자가 직장에 나가는 등의 이유로 도움을 받을 수 없어서 수업에 제대로 참여하지 못하는 경우도 많다.

온라인 수업의 실시로 인해 학습자 특성에 따라 학습력의 차이가 점점 커지는 문제도 발견되고 있다. 온라인 수업의 특성상 자기주도적 학습력이 갖춰진 학생들은 스스로 학습할 내용을 찾아서 공부하고, 교사의 수업을 온라인으로 들으면서 부족한 부분을 채워가는 형식을 통해서 학습을 진행하는 반면, 자기주도적 학습력을 갖추지 못한 학생들은 학습 결손이 누적되는 결과가 생기고 있다.

지난 6월에 실시된 전국연합학력평가 결과, 온라인 교육이 실시되면서 중간층이 사라진 것으로 보인다는 뉴스도 나왔다. 자기주도적인 학습력을 갖춘 학생들 또는 학부모 등쌀(?)에 학교 대신 학원으로 향한 아이들은 온라인 교육 상황에서 꾸준히 학습을 해온 반면, 다른 학생들은 학습에 흥미와 열의를 잃고 출석 체크만 겨우 한 결과라고 보는 견해가 많았다. 한 신문사가 한국교원단체총연합회와 함께 전국 초·중·고교 교사 1933명에게 설문한 결과, 교사 10명 중 8명꼴로 '격차가 심각하다'고 진단했으며, 그중 20퍼센트는 '매우 심각하다'고 응답했다.(출처: 동아일보 2020년 7월 21일자 〈중위권 학생 확 줄고 하위권 급증… "교사 생활 15년 만에 처음"〉 기사) 우리는 이런 아이들을 어떻게 해야 할까? 어떻게 하면 앞으로 펼쳐질 블렌디드 학습 상황에서 모든 아이들이 원하는 대로 교육받는 환경을 만들 수 있을까?

학부모들도 나름대로 어려움을 호소하였다. 아이들이 주 1회 또는 2회 등교하다 보니 생활 리듬이 깨져서 학교에 가기 싫어한다는 것이다. 자기주도적으로 생활 계획을 세워 실천하던 아이가 점점 게을러지는 모습을 보이고, 그러한 모습을 보면 부모가 자꾸만 개입하게 되어 다툼으로 이어진다는 것이다. 그런가 하면 맞벌이 가정에서는 아이들을 돌봐줄 수 없기도 하고, 일부 학생들은 과제를 한다는 핑계로 다른 인터넷 콘텐츠를 보는 경우도 많다고 한다. 자녀의 학습 또는 과제 결과가 다른 아이들에 비해 많이 떨어지는 느낌이 들기도 하고 이런 결과가 학력 격차로 이어질까봐 우려하고 있다.

학교는 그동안 교육과 더불어 아이들을 안전하게 보살피는 공간으로서의 역할인 '돌봄 교육'도 수행해왔다. 학교가 멈춘 상황에서도 가정에서 돌봄이 어려운 아이들은 학교에서 공부하는 것과 동시에 안전한 환경에서 생활할 수 있도록 해주어야 할 의무가 학교에는 있다. 그러나 온라인 교육이 실시되면서 아이들이 학교에 나오지 않고 집에 있게 되었는데, 학부모는 생업으로 인해 아이들을 돌볼 수 없는 상황이 발생한 것이다. 일부 아이들은 '종일 돌봄'이라는 이름으로 학교에 나와서 활동하다가 귀가하고 있으나, 그 이후의 시간에는 누가 돌봐주어야 하며, 아예 학교에 나오지 않는 아이들은 어떻게 해야 할까? 물론, 아이들을 보호하는 1차 책임은 보호자에게 있지만, 학기가 시작되고 나서 아이들이 학교에 나오지 못하고 있는 상황에서는 학교도 그 책임에서 자유로울 수 없다.

최근의 보도에 따르면 온라인 학습으로 인해 학생들이 교우 관계에 많은 어려움을 느낀다고 한다.(출처: 조선일보 2020년 8월 5일자 〈친구 사귈 수가 없어요… 코로나 외톨이 'M세대'〉 기사) 온라인 수업 실시로 학교에 나가지 못하다 보니 친구를 사귈 수 없거나 사귀더라도 깊은 관계를 유지할 수 없게 된 것이다. 이런 아이들에 대한 정서 교육 또한 반드시 실시되어야 할 것이다.

4장 함께 가자 우리 이 길을······
포스트 코로나 시대의 교육

❶ 이렇게 좋은 걸 왜 이제야 알려주는 거야?

"박 선생, 이렇게 좋은 걸 왜 이제 알려주는 거야?" "네? 제가 가끔 말씀드렸던 내용인데요."

　　몇 해 전 동료 선생님과 나눈 대화의 일부이다. 평소에도 디지털 기술 활용에 관심이 많고 다양한 기술을 이용하여 업무를 효율적으로 처리하고 있던 차에, 그 선생님 반 연락망 작성을 손쉽게 하는 방법을 알려드렸다. 결국, 본인이 필요한 상황에서 직접 작성해보고 나니 이후에는 알아서 잘할 수 있게 되었다. 이전에 내가 쉽게 사용할 수 있는 방법을 몇 번 공유해드린 적이 있으나 당시 그 선생님은 필요성을 크게 느끼지 못해 활용할 생각을 하지 않다가, 필요한 상황이 도래해 내가 직접 보여주니 새삼 유용하게 느꼈던 것이다.

이번 온라인 수업에서 현장의 선생님들이 겪었던 일들도 이와 비슷하지 않았나 생각해본다. 그동안 크게 필요성을 느끼지 못했기에 시도해보지 않았던 것들이지만, 코로나19 사태로 해야만 하는 상황을 겪다 보니 생각보다 어렵지 않게 할 수 있음을 알게 된 것이다. 결국, 필요한 상황에서 사용한 기술은 본인의 것이 된다.

나는 2020학년도 1학기 기간에, 경기도 지역 교원을 대상으로 실시한 '미래교육 교원리더십 아카데미 교사과정'에 참여했다. 한 학기 동안 학교 현장을 떠나서 리더십에 대한 연수를 받고 난 후 학교에 복귀하여 교사 리더십을 실천할 수 있도록 기획된 연수이다. 연수 기간 동안 학교 리더십, 교육철학, 학교 비전, 학교 문화와 시스템 등의 내용을 살펴보고, 이를 종합하여 내가 꿈꾸는 미래 학교를 설계해보는 등 알찬 시간을 보냈다. 내가 떠나 있는 기간 동안 학교에서는 기간제 교사를 채용하여, 2학기에 내가 맡을 학생들을 교육하게 했다. 온라인 교육으로 정신없는 시기에 학교를 떠나 있어서 미안한 마음뿐이었다.

이 연수는 3월 초부터 8월 초까지 실시될 예정이었는데 초반부터 코로나19의 영향으로 제대로 시작하지 못했다. 개학이 연기되는 초유의 상황에서, 3월 한 달 동안의 프로그램은 집에서 지정된 책을 읽고 새롭게 알게 된 점이나 느낀 점 등을 작성하여 제출하는 독서 과제로 대치되었다. 날마다 안양으로 출퇴근할 것을 각오하고 있던 나에게 여유 시간이 주어진 것이다. 나는 독서 과제를 수행하는 틈틈이 학교 전체 학생을 위한 온라인 수업 사이트를 개설했다. 그리고 내가 맡아서 지도할 학생들을 위한 온라인 학급을 만들어놓고 줌과 구글미트, 웹엑스 등을 이용하여 안부도 묻고 과학 교과서에 대한 간단한 안내도 하였다. 내가 파견 연수를 받고 있는 입장이라 학교를 통한 적극적인 홍보를 하기에는 어려움이 있어서 많은 학생들이 참여하지는 못했지만, 화상수업 시간마다 10여 명의 학생들이 참여하여 이야기도 나누고 온라인 퀴즈 게임도 즐기며 즐거운 시간을 보냈다.

미래교육 교원리더십 아카데미에 참여하고 있는 선생님들 사이에서도 놀라운 변화가 일어났다. 독서 과제 기간이 정해지고 난 후, 나는 연수원에서 진행하는 오프라인 연수가 실시되지 않을 것을 예상하여 온라인 화상회의를 통한 연수 진행을 제안하려고 하였다. 그에 앞서 연수에 참여하는 교사들을 대상으로 내가 학생들과 실시했던 화상회의를 제안하여 실시하였고, 그 후 온라인으로 개강식을 진행하자고 담당 연구사에게 제안하였다. 그러나 온라인에 대한 부담감은 이 교사들도 마찬가지였다. 몇 번이나 설득한 끝에 40명 중에서 10여 명 정도가 온라인 미팅에 참여하였다.

이후 연수원에서는 4월 초 온라인 개강식을 실시하는 것으로 결정하였고, 줌을 이용하여 강의를 진행하기 시작했다. 다른 선생님들 또한 나처럼 필요성을 느끼고 있었고, 생각보다 쉽게 참여할 수 있음에 놀라워했다. 스스로 회의방을 개설하여 다른 동료 교사들과 화상으로 회의 및 연수를 시도하는 선생님들도 있었다. 같이 연수받고 있는 선생님들은 온라인 수업에 대한 막연한 두려움을 떨치고 서둘러 적응하기 위해 내게 연수를 요청해 왔고, 그때마다 나는 내가 알고 있는 인맥을 총동원하여 연수를 연결해주었다.

코로나19 사태가 끝난다고 하여도 이전의 상태로 돌아갈 수 없으리라는 것이 지금 모두의 견해이다. 이런 상황에서 교사는 무엇을, 어떻게 준비해야 하는가를 끝없이 고민해야 한다. 온라인 수업의 방법적인 면과 교육 철학의 실천을 접목하기 위해 노력해야 한다.

❷ 온라인 교육, 우리는 어디로 가야 하나?

마이크로소프트의 창업자 빌 게이츠는 저서《빌 게이츠 @ 생각의 속도》에서, 2019년에는 스마트폰과 전기자동차, 실시간 가격비교 사이트와 모바일 기기, 인터넷 결제, 인공지능 비서, 온라인 홈 모니터링, 소셜미디어, 스포츠 경기 실시간 토론 사이트, 스마트 광고, 인터넷 토론 게시판, 사물인터넷 등이 보편화될 것이라고 예측했다. 이러한 예측은 대부분 놀라울 정도로 그대로 실현되었다.

딱 한 가지, 그가 예측한 미래에서 오늘날의 현실과 다른 부분이 있었는데 그게 바로 교육 분야였다. 그만큼 미래의 교육을 예측한다는 것은 쉽지 않다.(출처: 한겨레 2019년 2월 28일 〈빌 게이츠의 2019년 10가지 예측, 이번에도 족집게?〉 기사)

대혼란의 시기이다. 혹자는 지금의 상황을 코페르니쿠스의 지동설이 인류의 인식을 강타한 시기에 비교하기도 한다. 코로나19 팬데믹 현상으로 인해 사회적 거리 두기, 재택근무 등 새로운 사회문화적 체제가 구축되고 있는 이때, 우리 학교는 그에 적응하기 위해 어떤 노력을 기울여야 할까.

먼저, 코로나 이후 학교의 역할에 대해 생각해보아야 한다. 법적, 제도적인 측면에서 살펴보면 전반적인 교육 시스템의 대개혁이 필요하다. 교육 현장을 고려한 정책의 수립과 시행이 필요하며, 인간을 자원으로 보는 접근이 아닌 시스템적 사고가 필요하다. 또 교사의 교육과정 자율권을 법적으로 보장하여, 교육과정을 기반으로 다양하게 재구성하여 가르칠 수 있는 권한을 교사에게 주어야 한다. 온라인 교육 시대에 맞도록 표준 수업 일수와 수업 시수를 조정해야 하며, 무엇보다도 코로나 이후의 시대에 맞는 대입 제도 및 평가 방안 개선이 절실히 필요하다.

온라인 수업 지원을 위한 안정적인 플랫폼도 필요하다. 온라인 개학 시 접속이 원활하지 않아서 학교 현장에 큰 혼란이 일어난 사태를 다들 기억할 것이다. 이런 사태가 재발하지 않게 하려면 다양한 수업 솔루션이 가능한 에듀테크를 구축하고, 학습자의 온라인 접속 환경을 지원해야 하며, 교사의 온라인 수업 역량 향상을 위한 연수도 실시해야 한다.

온라인 수업에 관한 사회 인식의 전환도 필요하다. 온라인 수업을 준비하는 교사, 참여하는 학생들의 어려움, 학생의 온라인 수업에 있어 학부모가 겪는 어려움, 그리고 관련 정책 수립 과정에 대한 어려움 등을 공감하고 지지할 수 있는 사회 분위기를 형성해야 한다.

코로나19 사태로 인한 온라인 개학이라는 초유의 상황이 발생한 이후, 우리는 너무나 다양하고 많은 경험을 하며 이제 어느 정도 온라인 수업의 틀을 잡아가고 있다. 또한 코로나19 이전의 상황으로 돌아갈 수 없고, 온라인과 오프라인을 넘나드는 블렌디드 교육이 실행되어야 한다는 데 모두가 공감하고 있다. 어려운 점은, 앞에서 빌 게이츠의 예언을 언급한 바와 같이, 교육과 관련된 상황을 예상한다는 것은 쉽지 않다는 사실이다. 다만, 예상이 가능한 상황에서 우리가 할 수 있는 한 최선의 노력을 다해야 할 것이다.

미래 교육의 중요한 화두가 여러 가지가 있겠지만 교육의 본질적인 면은 변하지 않을 것이다. 학생을 중심에 두고 바라봐야 한다. 우리가 원하는 것은 학생의 성장과 변화이며, 이것은 교육의 본질로서, 우리가 추구해야 할 궁극적인 목표이다. 앞으로의 교육은 오프라인 출석 수업과 온라인 수업이 적절히 조화된 블렌디드 수업으로 변화될 것이라는 것이 대체적인 전망이다. 혹자는 완전히 새로운 시대의 새로운 수업 방식이 필요하다고 말한다. 교육이 어떻게 변할지 예측하는 것은 쉬운 일이 아니지만, 앞으로의 출석 수업과 온라인 수업이 수업 준비에서 실시, 평가에 이르기까지 완전히 다른 방식으로 진행되어야 한다는 것은 누구도 부정하지 못한다.

교육은 인간과 인간의 만남이다. 인간의 만남이 전제되지 않은 교육은 의미가 없는, 죽은 교육이다. 온라인 교육과 오프라인 교육의 특징과 장점을 파악하여 각각의 장점을 극대화하려는 교사의 노력이 필요하다. 오늘도 학생들과의 끈을 놓지 않고 학생 안에서의 변화와 성장을 지원하고자 노력하고 있는 교사들에게 응원의 박수를 보낸다.

김서영 (충남 논산중학교 교사)

구글 활용 교육자 모임(GEG) 충남 리더. 구글 공인 교육자(GCE)이자 구글 공인 트레이너(GCT). 구글클래스룸 활용 디지털 영어 수업으로 영어교육학 박사학위를 받은, 국내 1호 구글클래스룸 박사. 2018년부터 전면 디지털 영어 수업을 진행하며 학생들의 흥미와 수준에 맞는 개별화 수업을 위해 노력해왔다. 영어 교사 심화연수, 1급 정교사 자격연수, 교사 직무연수 등 전국의 교사를 대상으로 온·오프라인 강의를 진행하고 있다. 실시간 화상연수 참가 선생님들이 가장 재미있다고 꼽는, 교사 연수계의 스타.

김재현 (경기 수원 중앙기독중학교 교사, 교육혁신부장)

GEG 수원 리더. 구글 공인 교육자이자 구글 공인 트레이너. 국내 공교육 최초로 크롬북과 구글 클래스룸을 도입, 스마트 교육의 혁신을 이끌었다. 전국 교육청 및 교육기관에서 구글 기반 학습 환경 조성에 관해 300회 이상 강연해왔다. KOICA와 한국교육학술정보원의 요청으로 아프리카 르완다에 ICT 역량 강화 전문가로 파견되었다. 코로나19 사태 이후 교육부와 경기도교육청에서 온라인 수업 선도교사로 활동하고 있다. 예술을 사랑하던 문과생이 공대 출신 엔지니어로, 다시 선생님으로 변신한 독특한 이력의 교사.

박종필 (경기 평택 서재초등학교 교사)

구글 공인 교육자, 구글 공인 트레이너를 거쳐, 국내 4명뿐인 구글 공인 이노베이터 중 한 사람이 되었다. 2013년 Apple 선정 우수 교육자. 2012년부터 교육부 스마트 교육 중앙선도교원으로 활동하며 선도교사, 교육청, 관공서, 학교, 학부모를 대상으로 연수를 실시해왔다. 교육부 파견연구사로 근무하며 디지털교과서 개발에 참여했다. 경기도교육청 초등1급 정교사 자격연수에서 스마트 교육, 디지털교과서 활용 교육, 소프트웨어 활용 교육을 강의했다. 스마트교육학회 사무총장, 초등컴퓨팅교사협회 온라인교육팀장, 경기도교육청 학교정보화 자문위원회 초등분과장으로 활동 중.

홍지연 (경기 용인 석성초등학교 교사)

마이크로소프트 혁신교사(MIEE). 초등컴퓨팅교사협회 연구개발팀장. 2015년 ICT 활용 교육 선도교원을 시작으로 스마트 교육, 소프트웨어 교육, 인공지능 교육 강사 및 관련 집필진으로 활동하고 있다. 교육자료전 전국 1등급, 교육정보연구대회 전국 2등급, 과학기술정보통신부 장관상(소프트웨어산업 발전), 교육부장관상(소프트웨어 교육) 등을 수상했다. 어린이 IT 분야 베스트셀러인 《코딩과학동화 팜(1·2)》을 비롯하여, 어린이와 교사를 위한 코딩, 소프트웨어, 인공지능 분야의 다양한 도서를 집필 중.